长江经济带城市协同发展能力指数(2019)研究报告

曾刚 王丰龙 等著

REPORT ON INDEX OF URBAN COORDINATED DEVELOPMENT CAPABILITY IN THE YANGTZE RIVER ECONOMIC BELT (2019)

中国社会科学出版社

图书在版编目(CIP)数据

长江经济带城市协同发展能力指数（2019）研究报告/曾刚等著.—北京：中国社会科学出版社，2020.4
（国家智库报告）
ISBN 978-7-5203-6325-9

Ⅰ.①长… Ⅱ.①曾… Ⅲ.①长江经济带—城市经济—经济发展—研究报告—2019 Ⅳ.①F299.275

中国版本图书馆 CIP 数据核字（2020）第 064808 号

出 版 人	赵剑英
项目统筹	王　茵
责任编辑	范晨星
责任校对	周　昊
责任印制	李寡寡

出　版	中国社会科学出版社
社　址	北京鼓楼西大街甲 158 号
邮　编	100720
网　址	http://www.csspw.cn
发行部	010-84083685
门市部	010-84029450
经　销	新华书店及其他书店
印刷装订	北京君升印刷有限公司
版　次	2020 年 4 月第 1 版
印　次	2020 年 4 月第 1 次印刷
开　本	787×1092　1/16
印　张	7.25
插　页	2
字　数	80 千字
定　价	39.00 元

凡购买中国社会科学出版社图书，如有质量问题请与本社营销中心联系调换
电话：010-84083683
版权所有　侵权必究

长江经济带城市协同发展能力指数（2019）编纂委员会

主　编：

  曾　刚　教育部人文社科重点研究基地中国现代城市研究中心主任，上海市社会科学创新基地长三角区域一体化研究中心主任，上海高校智库上海城市发展协同创新中心主任、华东师范大学城市发展研究院院长、终身教授

副主编：

  王丰龙　华东师范大学城市发展研究院副教授、博士

  滕堂伟　华东师范大学城市与区域科学学院副院长、教授

  胡　德　华东师范大学城市与区域科学学院讲师、博士

编　委：

石庆玲　华东师范大学城市发展研究院晨晖学者、博士

曹贤忠　华东师范大学城市发展研究院副教授、博士

朱贻文　华东师范大学城市发展研究院博士后、博士

葛世帅　华东师范大学城市与区域科学学院博士生

叶　雷　华东师范大学城市与区域科学学院博士生

苏　灿　华东师范大学城市与区域科学学院博士生

胡森林　华东师范大学城市与区域科学学院博士生

郝　均　华东师范大学城市与区域科学学院博士生

覃柳婷　华东师范大学城市与区域科学学院博士生

张　翌　华东师范大学城市与区域科学学院博士生

杨　阳　华东师范大学城市与区域科学学院博士生

吴林芳　华东师范大学城市发展研究院办公室秘书、硕士

高旻昱　华东师范大学城市与区域科学学院硕士生

陆琳忆　华东师范大学城市与区域科学学院硕士生

秘　书：

王丰龙　华东师范大学城市发展研究院副教授、博士

（电子邮箱：flwang@iud.ecnu.edu.cn；电话：021-62232952）

前　言

长江经济带是目前中国最重要的区域发展战略之一。一方面，长江经济带作为衔接沿海与内陆、东部与西部的重要发展轴，承担着中国扩大对外开放、缩小区际发展差距的重任；另一方面，在中共中央经济建设、政治建设、文化建设、社会建设、生态文明建设"五位一体"总体部署以及"创新、协调、绿色、开放、共享"五大发展理念指引下，长江经济带建设承担着推动中国经济发展模式转型、实现高质量发展的重要使命。

自2013年7月习近平总书记在武汉吹响长江经济带建设号角以来，长江经济带建设指导思想经历了从黄金水道建设，经生态环境保护，到高质量发展的升级过程。2018年11月5日，习近平主席在首届中国国际进口博览会开幕式上发表讲话，宣布支持长三角区域一体化发展并上升为国家战略，长江经济带发展国家战略增添了新支撑,体现了中央对长江经济带发展的重视。2019年5月13日,习近平总书记在中共中央政治局会议上指出,长三角一体化发展具有极大的区域带动和示范作用,要紧扣"一体化"和"高质量"两个关键,带动整个长江经济带和华东地区发展。2019年8月26日,习近平总书记主持召开了中央财经委员会第五次会议。会议指出,中心城市和城市群正在成为承载发展要素的主要空间形式,要增强中心城市和城市群等经济发展优势区域的经济和人口承载能力,在发展中营造平衡。2019年11月5日,习近平主席在第二届中国国际进口博览会开幕式上向世界宣告,中国将继续完善开放格局,继续推动长江经济带发展、长三角区域一体化发展,增强开放联动效应。

自2015年以来,在国家发展和改革委员会基础产业司(推进长江经济带发展领导小组办公室)、教育部社科司、上海市人民政府发展研究中心的支持下,教育部人文社科重点研究基地中国现代城市研究中心(中国智库CTTI)、上海市人民政府决策咨询研究基地曾刚工作室(中国智库CTTI)、上海高校智库上海城市发展协同创新中心、长江流域发展研究院、华东师范大学城市发展研究院联合组建了长江经济带城市协同发展能力指数研制组,借助经验借鉴、逻辑推导、实地调研、定量模拟、专家座谈等多种方式,对长江经济带内110座地级及以上城市协同发展的科学基础、评价指标与方法、能力与水平、提升思路与举措进行了系统研究，发布《长江经济带城市协同发展能力指数研究》年度报告。研究报告得到了学界、政界、商界的高度肯定，荣获了"上海市第十四届哲学社会科学中国特色社会主义理论优秀成果"二等奖。主要研究结论被中央电视台、新华网、人民网、新浪网、凤凰网、人民日报、光明日报、文汇报、解放日报等国内主流媒体广泛报道，并被 *Erdkunde*、《改革》《人民论坛》《长江流域资源与环境》等中外学术杂志刊发。

城市协同发展能力是指某一地域内一个城市对其他城市在基础设施、科技创新、经济发展、生态保护、社会进步、管理优化等方面辐射带动作用的大小。《长江经济带城市协同发展能力指数（2019）研究报告》基于复合生态系统理论、区域创新系统、关系经济地理理论，构建了包含经济发展、科技创新、交流服务、生态支撑四大领域的19个指标组成的长江经济带城市协同能力评价指标体系，采用自然断裂点分析、空间自相关分析、规模—位序分析等方法，对长江经济带110座地级及以上城市的协同发展能力进行了系统分析，并提出了提升城市协同发展能力的对策建议。

研究报告的主要结论为：第一，城市之间存在明显的等级差异。长江经济带110座地级及以上城市根据协同发展能力可以分为6个等级，上海是龙头城市，协同发展能力在长江经济带中排名首位；南京、杭州、武汉、成都、重庆、苏州、长沙、无锡、宁波、合肥、昆明和常州12座城市是具有辐射带动作用的高级区域中心城市；温州、徐州、贵阳、南昌、宜昌等33座城市是在个别领域表现突出的一般区域中心城市；九江、黄山、湘潭、荆州、曲靖等22座城市是区域重要城市，往往地处较为重要的区位或拥有某方面独特的自然禀赋，对邻近区域有一定的带动能力；永州、安庆、吉安、咸宁、张家界、宜宾等25座城市是辐射带动能力有限、但存在提升空间的地方重要城市；亳州、丽江、雅安等17座城市是存在短板或外向服务功能薄弱的地方一般城市。第二，上、中、下游城市的协同发展能力空间差异明显。长江经济带城市协同能力总体呈现东高西低、省会城市和沿江沿海城市较高的态势，长江下游地区是协同发展能力高值集聚区，存在上海、南京、杭州、苏州、宁波等多个中心，已步入较高水平的一体化阶段；长江中游地区的协同发展能力居中，中心对周边的"虹吸效应"大于"辐射效应"，仅存在武汉、长沙和南昌三个中心，省会城市协同发展能力较强，但周边城市协同发展能力一般；长江上游地区的城市除省会城市、直辖市之外，其他城市协同发展能力普遍较低，区域内城市之间协同发展能力差异较大。第三，各领域之间的相互关系不同。长江经济带城市的经济发展、科技创新和交流服务三个领域的协同发展能力呈现高度正相关，但与生态支撑能力存在较弱的负相关关系，说明长江经济带的经济发展与科技创新和交流服务之间相互促进；而经济、科技和基础设施发展没有与生态环境改善形成良性互动。第四，总体格局变动不大。近五年来长江经济带城市协同发展能力逐渐增强，但整体水平仍比较低；经济带内城市协同发展能力仍然呈现"东—中—西"阶梯式递减的空间格局；虽然经济、科技和基础设施发展与生态保护间始终未形成良性互动关系，但是科技进步、环保投入和基础设施互联互通是推动经济带协同能力提高的重要力量。

从进一步提高长江经济带城市协同发展能力的目标出发，笔者建议：第一，以重点污染企业管控为抓手，打造生态大保护协同网络；第二，以重大科学设施、人才、技术、信息等资源共享为抓手，打造协同创新网络；第三，以自主可控国内价值链培育为抓手，打造现代化产业集群协同网络；第四，以全方位联动开放为抓手，打造自贸区协同网络；第五，以核心发达城市与边缘落后城市互动为抓手，打造类型多样城市共同发展网络。

在研究报告的编制过程中，中国科学院院士／中国科学院地理科学与资源研究所陆大道研究员、中国科学院院士/中国科学院上海技术物理研究所褚君浩研究员、上海市原副市长/华东师范大学城市发展研究院理事长胡延照教授、华东师范大学原党委副书记/城市发展研究院副理事长罗国振教授、华东师范大学城市发展研究院副理事长/东方房地产学院院长张永岳教授、中国地理学会原副理事长/中国科学院南京分院原院长佘之祥研究员、教育部长江学者/复旦大学经济学院党委书记陈诗一教授、教育部长江学者/南京大学长江三角洲经济社会发展研究中心主任范从来教授、四川省社会科学院副院长盛毅教授、湖北省社会科学院副院长秦尊文教授、上海市社会科学界联合会党组书记权衡研究员、上海世界城市日事务协调中心成键主任、上海市开发区协会副会长赵海、泛华集团副总裁杨年春等专家和领导给予了大力支持和精心指导，在此表示衷心的感谢！

需要特别说明的是，长江经济带城市协同发展能力评价是一项复杂的系统工程，受能力和条件所限，疏漏谬误在所难免，恳请各位批评指正。

华东师范大学终身教授　曾刚
2019年12月于上海华东师范大学丽娃河畔

摘要：习近平总书记明确要求，探索协同推进生态优先和绿色发展新路子，推动长江经济带高质量发展。本报告延续2016年以来的研究思路和框架，构建了包含科技创新、经济发展、交流服务、生态支撑四大领域19个指标的长江经济带城市协同发展能力评价指标体系。利用自然断裂点分析、空间自相关分析和规模—位序分析等方法，计算了2019年长江经济带110座地级及以上城市的协同发展能力，分析了长江经济带城市协同发展能力的时空特征。从总体上看，长江经济带城市协同发展能力缓慢提高，中心边缘差异巨大，东高西低和沿江沿海城市较高的空间格局依旧。从各领域关系看，经济发展、科技创新、交流服务高度正相关，但与生态支撑却呈现微弱负相关关系。为此，建议以重点污染企业管控为抓手，打造生态大保护协同网络；以大科学装置、人才、技术、信息等资源共享为抓手，打造协同创新网络；以自主可控国内价值链培育为抓手，打造现代化产业集群协同网络；以全方位联动开放为抓手，打造自贸区协同网络；以核心发达城市与边缘落后城市互动为抓手，打造城市多样共同发展网络。

关键词：长江经济带；协同发展；指数；城市发展；高质量发展

Abstract: General Secretary Xi Jinping has made it clear that we should explore a new path of development to prioritize ecological protection and green development. Following the methods and framework adopted by our previous reports released since 2016, we put forward the 2019 Index of Urban Coordinated Development Capability (UCDC) in the Yangtze River Economic Belt (YREB). This index includes 19 indicators in four components: scientific and technological innovation, economic development, communication & transportation, and ecological support. Using the methods of natural break-point analysis, spatial autocorrelation analysis and rank-size distribution analysis, this report calculates the UCDC of 110 municipal cities in the YREB and analyzes the spatio-temporal characteristics of UCDC in the YREB. It is found that the average level of UCDC in the YREB grows slowly; the UCDC of different cities in the YREB is spatially unevenly distributed, with higher level of UCDC in the eastern and coastal region or cities along the Yangtze River; while the UCDC in economic, transportation and innovation domains are positively and strongly correlated, they are only weakly correlated with the UCDC in ecological domain. The report proposes several suggestions to promote coordinated development in the YREB, including establishment of (1) a collaborative network for ecological conservation on the basis of controlling key polluting enterprises; (2) a collaborative innovation network based on sharing large scientific equipment, talent, technology, information and other resources; (3) a modern collaborative network of industrial clusters based on cultivating independent and controllable domestic value chains; (4) a collaborative network of free trade zones by opening up to the rest of the world in an all-round manner; (5) a network of cities for common development based on interactions between core developed cities and marginal backward cities.

KeyWords: Yangtze River Economic Belt, Coordinated Development, Index, Urban Development, High-Quality Development

目　　录

第一章　长江经济带城市协同发展的背景 ……… （1）
　一　协同发展是当今世界发展的时代特征 …… （2）
　二　协同发展是中国高质量发展的必然
　　　选择 ………………………………………… （5）
　三　协同发展是长江经济带发展的内在
　　　要求 ………………………………………… （8）

第二章　长江经济带城市协同发展能力评价
　　　　方法 …………………………………… （11）
　一　协同发展能力评价的理论基础 …………… （12）
　　（一）复合生态系统理论 …………………… （12）
　　（二）区域创新系统理论 …………………… （13）
　　（三）关系经济地理理论 …………………… （16）
　二　协同发展能力评价指标体系 ……………… （18）
　　（一）经济发展指标 ………………………… （19）

（二）科技创新指标 …………………………… (22)
（三）交流服务指标 …………………………… (25)
（四）生态支撑指标 …………………………… (27)
三　计算与分析方法 ………………………………… (31)
（一）指数计算方法 …………………………… (31)
（二）空间自相关分析 ………………………… (32)
（三）指数趋势分析 …………………………… (32)

第三章　长江经济带城市协同发展能力评价结果 …………………………………………… (34)

一　长江经济带城市协同发展能力排行榜 …… (34)
二　长江经济带专题领域协同发展能力
　　排行榜 ………………………………………… (43)
（一）长江经济带城市经济协同发展能力
　　　排行榜 …………………………………… (44)
（二）长江经济带城市科创协同发展能力
　　　排行榜 …………………………………… (46)
（三）长江经济带城市交流服务能力
　　　排行榜 …………………………………… (49)
（四）长江经济带城市生态保护协同能力
　　　排行榜 …………………………………… (52)
（五）长江经济带城市不同领域协同能力的
　　　相关关系 ………………………………… (55)

三 城市协同发展能力的空间关系分析………(57)
　（一）长江经济带城市协同发展能力空间
　　　　集聚效应分析……………………(57)
　（二）长江经济带城市协同发展能力空间
　　　　异质性分析………………………(59)
　（三）长江经济带城市子群的空间
　　　　划分…………………………………(62)

第四章　促进长江经济带城市协同发展的政策
　　　　建议………………………………(68)
一　以重点污染企业管控为抓手，打造生态
　　大保护协同网络……………………………(69)
二　以重大科学设施、人才、技术、信息等
　　资源共享为抓手，打造协同创新网络……(70)
三　以自主可控国内价值链培育为抓手，打造
　　现代化产业集群协同网络…………………(71)
四　以全方位联动开放为抓手，打造自贸区
　　协同网络……………………………………(72)
五　以核心发达城市与边缘落后城市互动为
　　抓手，打造各种类型城市共同发展
　　网络…………………………………………(74)

附录 2015年与2019年长江经济带城市协同
　　　发展能力指数排名的名次变化分析………（76）
　一 长江经济带城市协同发展能力指数排名
　　　进步前十分析……………………………（81）
　二 长江经济带城市协同发展能力指数排名
　　　退步前十分析……………………………（87）

参考文献 ………………………………………（94）

第一章　长江经济带城市协同发展的背景

长江经济带发展是新时期重要的国家区域发展战略之一，城市协同发展是学术界近期关注的热点问题。2019年11月5日，习近平主席在第二届中国国际进口博览会开幕式主旨演讲中指出，将持续推动长江经济带发展、长三角一体化协同发展，增强开放联动效应；2018年4月26日，在武汉深入推动长江经济带发展座谈会上，习近平总书记着重强调了"共抓大保护，不搞大开发"、追求高质量发展的重要意义，并指出长江经济带应该走出一条生态优先、绿色发展的新路子。当前，长江经济带正从成本驱动的规模扩张阶段逐步向创新驱动的高质量发展阶段转变，传统上"以邻为壑"的相互竞争关系亟须转变为"以邻为伴"的创新合作关系，协同发展成为长江经济带高质量发展的内在要求与重要途径。

一 协同发展是当今世界发展的时代特征

随着经济全球化和区域一体化的不断加速,世界经济已成为相互渗透、密切交织的复杂系统。各地区相互依存、相互促进、共同发展,任何地区都无法在当前的经济形势下独善其身。越来越多的国家和地区尝试在超国家层面、国家层面和区域层面寻求跨区域、跨行业和跨主体的协同发展,以实现优势资源合理利用、经济利益最大化和经济社会可持续发展。

欧盟不仅是政治和经济联盟,也是科技联盟。从共同关税、共同大市场到统一货币,欧盟经济一体化发展趋势日益加强。在此基础上,欧盟科技合作也不断深入,实施了欧盟研发框架计划(FP)、欧洲尤里卡计划(EUREKA)等一系列重大科技发展计划。FP是世界最大的公共财政科技计划之一,自1984年的第一研发框架计划(FP1)到2013年截止的FP7,共计投入1182亿欧元。为进一步增强欧洲的全球竞争力,2014年1月31日在英国正式启动"地平线2020"战略(Horizon 2020)。据《关于欧洲议会和理事会制定"地平线2020"〔研究和创新框架计划(2014—2020)〕法规提案》,欧盟的协同创新发展主要聚焦于人才联合培养、科研设施共建共享、区域协同研发、共建联合研究中心四个方面。一是实施"玛丽居里行动计划",促进研究人员跨学科培训和博士生跨国联合培养。例如,"地平线2020"战略计划博士生跨国交流比例由2008年的7%提升至2020年的20%。通过人才联合培养,欧盟可以将区域人才中心和创新中心、欧洲地区和国际领先同行紧密联系在一起。二是建成欧洲研究区(ERA),提高区域协同创新效率。ERA的目标是建立为知识、研究和创新服务的单一市场,促使研究人员、研究机构和企业跨境流动、竞争和合作,避免创新活动的重叠和不必要的重复研发活动,提升创新投入产出效率。三是科研基础设施共建共享和科学成果对外开放。通过将受资助的科学基础设施纳入欧盟科学基础设施共享网络,促进成员国加快科研基础设施对外开放和共建共享。通过建立欧盟电子基础研究设施(e-Infrastructure),公开受资助研究的基本数据,推动研发计划产生的科学数据及文献共享。四是建立联合研究中心(JRC),协同应对社会挑战。通过联合大型公共研究机构和企业,JRC针对消费者健康、环境安全、灾难管理等社会问题进行高质量研究,为欧盟科学决策提供科学和技术咨询。根据欧盟委员会2017年5月29日发布的《"地平线2020"[研究和创新框架计划(2014—2020)]中期评估报告》,2014—2016年,75%的"地平线2020"资金用于资助合作创新，来自131个国家和地区的研究人员进行了10万多项研究，预计欧盟2014—2030年GDP每年可以额外增加240亿—350亿欧元。

美国将协同创新发展作为重整制造业的关键措施。美国政府充分利用全球科技强国优势，通过推进科技与工业的融合，重塑美国制造业的全球领导地位和竞争力。近年来，美国政府相继颁布和实施了"先进制造业伙伴计划"（AMP）和"美国制造"（Manufacturing USA）等一系列制造业协同创新计划，其中"美国制造"战略最为成功、影响最大。"美国制造"战略源于"国家制造业创新网络"（NNMI）计划。2014年12月16日，时任美国总统奥巴马签署《振兴美国制造业和创新法案》，成立"国家制造业创新网络"计划（2016年9月更名为"美国制造"），该法案授权美国商务部在全国范围内建立制造业创新中心，旨在通过建立关键领域的研究中心来聚集工业界、学术界、国家实验室、联邦和地方政府等多个主体，建立和完善创新生态系统，并通过公私合作伙伴关系（PPP）促进非政府投入，加快美国先进制造能力发展。在运作模式上，一是在全国建立一批制造业创新研究中心，目前已建立美国先进功能性面料（AFFOA）、未来轻量制造（LIFT）、先进复合材料制造创新中心（IACMI）等14个研究中心，每个研究中心聚焦一个制造创新方向，均具有突破性技术，与外部参与共同投资致力于开发和商业化世界级先进技术。二是以各制造创新研究中心为节点，加强研究机构与所在区域企业的联系。制造创新中心所在地具有相关产业、人才、科技、创新链上下游配套等方面的优势，可以促使创新成果的本地溢出，从而在整体上增强美国制造业竞争力。三是通过建立完善创新生态系统，吸引非政府资金投入。通过建立适用于各类机构和组织的多层次会员制度，将政府、企业、行业协会、高校、国家重点实验室以及非营利性组织等纳为会员，利用PPP模式，政产学研共同出资、共享成果。根据2019年9月18日公布的《美国制造年度报告：为国家创造价值》，2018年"美国制造"战略共实施了475个重大应用研究与协同开发项目，已有1937个成员组织，较上年增长了50%，对20万人进行了先进制造技能培训，利用10亿美元的联邦资金撬动了20亿美元的州政府和私人投资。

二 协同发展是中国高质量发展的必然选择

协同发展是中国历史发展的必然和应对当今世界格局剧变的最优措施。一方面，党的十九大以来，以习近平同志为核心的党中央贯彻"创新、协调、绿色、开放、共享"发展理念,将区域协同发展由指导经济空间布局的一般性原则上升为整体性、系统化的国家战略。区域协同发展有了新的内涵,更加注重板块与板块之间、经济与生态之间、自身发展与协同发展之间的联动关系,更加注重体制机制的协同对接,以促进各城市、各地区各扬所长、优势互补。另一方面,2018年3月22日中美贸易摩擦爆发以来,世界经济格局发生剧烈变化,中美由贸易伙伴转为战略竞争对手,促使中国不但要着眼于继续扩大对外开放,积极参与引领全球治理体系改革和建设,更要立足于国内,提升以城市群、经济带为基础的区域协同水平,增强区域整体创新能力和国际竞争能力,以实现更高质量发展。

在区域协同发展战略方面,先后实行京津冀协同发展、粤港澳大湾区、长三角一体化发展战略。2015年4月30日,中共中央政治局召开会议,审议通过《京津冀协同发展规划纲要》,《纲要》指出要调整京津冀地区的经济结构和空间结构,解决京津冀城市体系的空间发展断层问题,促进区域协调发展。2018年4月14日,中共中央、国务院批复《河北雄安新区规划纲要》,《纲要》指出雄安新区要建设成为高水平社会主义现代化城市、京津冀世界级城市群的重要一极、现代化经济体系的新引擎、推动高质量发展的全国样板，要以雄安新区优化京津冀城市布局和空间结构，培育带动河北乃至京津冀发展的新增长极，推进河北与北京、天津协同发展。根据2019年11月5日国家统计局发布的《京津冀区域发展指数》，京津冀三地人均一般公共服务支出之比从2013年的2.8∶2.3∶1缩小至2018年的2.6∶1.8∶1，R&D强度由2013年的5.86∶2.93∶1缩小至2018年的4.45∶1.89∶1，2013年以来综合协同指数年均提升8.26，协同发展成效显著。2019年2月18日，中共中央、国务院印发《粤港澳大湾区发展规划纲要》，《纲要》指出粤港澳应充分发挥港澳"一国两制"的独特优势和广东改革开放先行先试优势，破除粤港澳分属不同关税区、经济制度、法律体系和行政体系的跨境协同创新发展难点，建设"广州—深圳—香港—澳门"科技创新走廊，吸引和对接全球科创资源，并重点突出粤港澳科技和产业优势，促进广东积极对接港澳创新资源，打造大湾区国际科技创新中心。2019年12月1日，中共中央、国务院印发《长江三角洲区域一体化发展规划纲要》，《纲要》指出长三角地区应通过构建区域创新共同体、建设世界级产业集群、长三角"G60科创走廊"等重点措施，推进基础设施、产业发展、创新协同、公共服务、生态环境、市场环境六个方面的一体化，建设成为最具影响力和带动力的强劲活跃增长极。

三　协同发展是长江经济带发展的内在要求

长江经济带包括上海、浙江、江苏、安徽、江西、湖北、湖南、重庆、四川、贵州、云南九省二市，横跨中国东、中、西三大地带，其人口、经济规模均占全国的40%以上。自2013年习近平总书记在武汉阳逻讲话以来，长江经济带经济呈现良好的发展态势，其GDP年均增长速度明显高于全国平均水平，国家战略对长江经济带发展的推动作用开始显现。此外，2016年1月、2018年4月在重庆、武汉召开的推进长江经济带建设工作座谈会上，习近平总书记论述了"共抓大保护，不搞大开发"、追求高质量发展的指导方针。

协同发展是长江经济带发展的关键词。2019年11月5日，习近平主席在第二届中国国际进口博览会开幕式上的主旨演讲中强调，中国将继续推动京津冀协同发展、长江经济带发展、长三角区域一体化发展、粤港澳大湾区建设，增强开放联动效应；2019年11月12日，国务院副总理、推动长江经济带发展领导小组组长韩正在长江经济带生态环境突出问题整改现场会暨推动长江经济带发展领导小组全体会议上强调，要牢牢把握推动高质量发展的要求，坚持走生态优先、绿色发展之路，推动长江经济带共抓大保护取得新进展；2019年10月25日，国务院批复《长三角生态绿色一体化发展示范区总体方案》；2019年11月1日，长三角生态绿色一体化发展示范区执行委员会揭牌，标志着长三角开始迈向绿色经济、高品质生活、可持续发展有机统一，跨行政区域共建共享，生态文明与经济社会发展相得益彰的新路。

坚持创新与绿色协同发展是长江经济带未来发展的更高要求。2018年4月26日，习近平总书记在武汉主持召开深入推动长江经济带发展座谈会并发表重要讲话时强调，新形势下推动长江经济带发展，关键是要正确把握整体推进和重点突破、生态环境保护和经济发展、总体谋划和久久为功、破除旧动能和培育新动能、自我发展和协同发展的关系，以长江经济带发展推动经济高质量发展。根据钱纳里工业化阶段划分标准，长江上游地区处于工业化初期阶段，也是经济发展的起飞阶段，面临着城市化不充分、贫富分化严重、资本积累不足以及消费后劲不强等问题，导致经济发展与生态环境保护矛盾较大；长江中游地区处于工业化中期阶段，也处于经济发展的黄金时期，具有发展速度快、依赖出口投资扩张、贫富分化不大、消费需求旺盛等特征，改变先污染后治理的传统发展模式成为当务之急；长江下游长三角地区处于工业化后期阶段，也是经济发展被追赶阶段，具有发展速度慢、机会稀缺、低消费等特征，产业空心化风险增加。未来一段时期，长江经济带将进入工业化中后期阶段，创新与绿色发展成为经济发展的主旋律，长江经济带各省市迫切需要协同发展，促进长江经济带高质量发展目标的实现。

长三角区域有望引领长江经济带协同发展。长三角区域是中国经济最具活力、开放程度最高、创新能力最强的区域之一，是"一带一路"和长江经济带的重要交汇点。2018年，长三角地区三省一市以全国1/26的国土面积、容纳了1/6的人口、创造了1/4的GDP，长三角具备转型发展、高质量发展、引领发展的优越条件。2019年5月，中共中央政治局审议《长江三角洲区域一体化发展规划纲要》，强调长三角一体化发展具有极大的区域带动和示范作用，要紧扣"一体化"和"高质量"两个关键，协同推进长三角区域一体化发展，带动整个长江经济带和华东地区发展，形成高质量发展的区域集群。

第二章　长江经济带城市协同发展能力评价方法

　　为了保障计算结果的科学性、权威性、准确性，"长江经济带城市协同发展能力指数"需要一套具有完备理论基础、设计合理的评价指标体系，以及科学的计算方法。在理论层面，引入了复合生态系统理论、区域创新系统理论、关系经济地理理论；在指标体系层面，构建了包括了经济发展、科技创新、交流服务、生态支撑四个维度19个指标构成的长江经济带城市协同发展能力评价指标体系；在方法层面，通过指标标准化方法、空间自相关分析、指数趋势分析，保障了评价结果的科学性；在实证层面，采用国家部门或地方政府官方统计数据，这些都为长江经济带城市协同发展能力指数计算提供了可靠支撑。

一 协同发展能力评价的理论基础

区域内城市协同发展包括城市自然、经济、社会领域之间的协同,也包括城市之间经济、设施、创新、生态之间的协同,还包括城市之间相互作用的方式。基于此,城市协同发展主要涉及复合生态系统理论、区域创新系统理论、关系经济地理相关理论。

(一)复合生态系统理论

复合生态系统(Society-Economy-Environment,SEE)包括了经济、社会和自然三个方面内容,最早是由中国著名生态学家马世骏先生于1981年所提出。它是指以人为主体的社会、经济系统和自然生态系统在特定区域内通过协同作用而形成的复合系统,即以人的行为为主导、自然环境为依托、资源流动为命脉、社会体制为经络,人与自然相互依存、共生的复合体系。复合生态系统由自然子系统、社会子系统和经济子系统耦合所构成(图2-1)。

从图2-1可看出,自然、经济、社会三个子系统各自特色鲜明。自然子系统是指人类周围的自然界,由环境要素和资源要素组成;经济子系统是一个复杂的耦合系统,包括从事从生产到消费过程的各个方面,

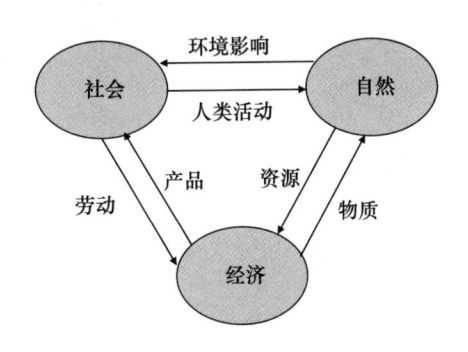

图 2-1 社会—经济—自然复合生态系统结构示意图
资料来源：课题组自绘。

以及这一过程中的管控者；社会子系统也是一个复杂的耦合系统，主要包括政治、科技、文化等。

复合生态系统理论适用于对区域可持续发展的现状进行系统分析和评价，从社会、经济和环境三个子系统的角度分别进行衡量，从而对复合生态系统的综合发展水平进行评价。根据评价结果的表现形式，又可以分为综合指数法和单一要素法。其中，综合指数法指用一个无量纲数值表示的可持续发展程度；单一要素法指将所有要素用同样的单位进行汇总。本报告涉及长江经济带110个城市多个维度的协同发展评价，采用的是多指标的综合指数法，尤其是从生态环境保护与治理层面构建了生态环境协同评价指标。

(二) 区域创新系统理论

1992 年，英国卡迪夫大学菲利普·库克（Philip Nicholas Cooke）教授在深入研究国家创新系统的基础上，发表了《区域创新系统：新欧洲的竞争规则》一文，首次提出区域创新系统（Regional Innovation System, RIS）的概念，并在1996年主编的《区域创新系统：全球化背景下区域政府管理的作用》一书中指出，区域创新系统是由在地理上相互分工与关联的生产企业、研究机构和高等教育机构等构成，能够持续产生创新的区域组织系统。Cooke（2002）认为，区域创新系统内的研究机构、大学、技术转移等机构，有利于区内企业创新效率的提高。区域创新系统由知识应用及开发子系统、知识生产和扩散子系统、区域社会经济和文化基础、外部因素组成，深刻地揭示了创新系统的本质（图2-2）。

区域创新系统中的创新主体主要包括企业、大学与科研机构、中介服务机构和政府部门，他们通过知识流动形成一个相互促进的网络系统。其中，企业是区域创新系统最重要的创新主体，在一定程度上决定了整个创新系统的创新能力（图2-3）。

区域创新系统理论主要致力于解释地区经济布局以及区域高技术产业、科技园、创新网络和创新项目政策的影响。区域创新系统理论认为区域是企业的"群"，这些区域由通过合作和竞争规则的企业网构成，并且已经形成全球的竞争力。本报告正是基于这一认识，探究长江经济带协同发展的能力及空间差异，

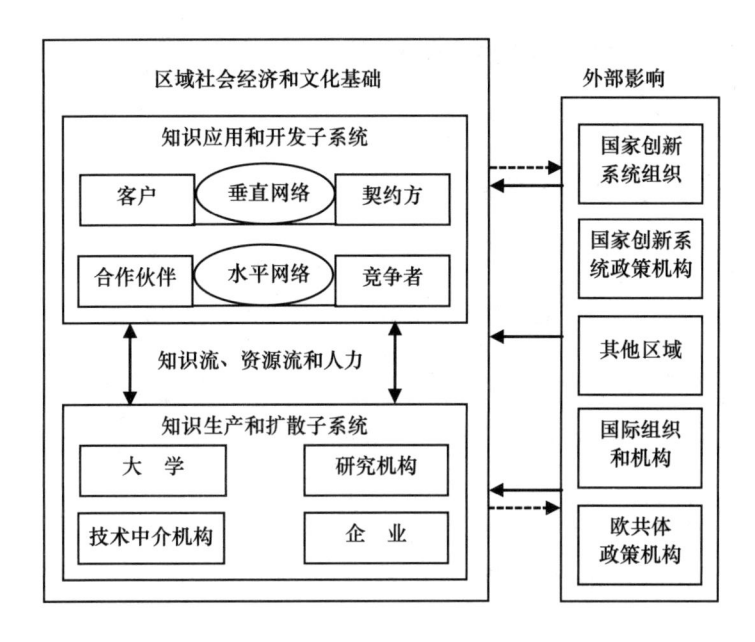

图 2-2 Cooke 的区域创新系统框架

资料来源：Cooke P. Regional Innovation Systems: General Findings and Some New Evidence from Biotechnology Clusters [J]. Journal of Technology Transfer. 2002, 27 (1): 133-145。

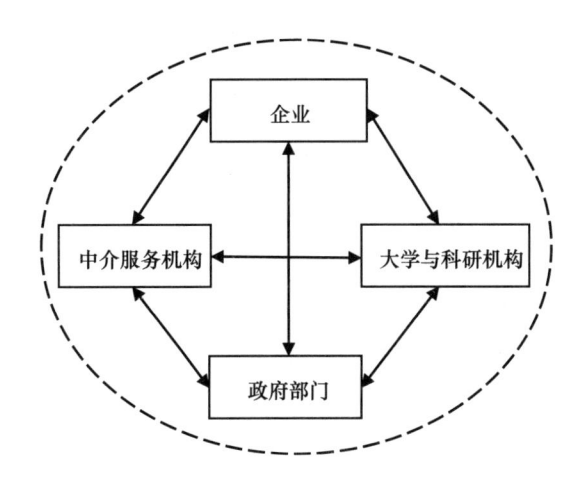

图 2-3 区域创新系统创新主体构成

资料来源：课题组自绘。

构建经济、交通和创新联系的评价指标体系。

（三）关系经济地理理论

21世纪初，经济地理学、区域经济学等学科研究的空间视角出现新趋势，从早期仅仅关注单一区域主体转变到关注跨区域主体、多主体跨区域联系，产生了增长极、关系经济学等系列理论，并由此促进了相关区域政策的转型。

20世纪50年代，法国经济学家佩鲁（Francois Perroux）提出了增长极理论。该理论认为，经济增长通常是从一个或数个"增长中心"逐渐向其他地区传导。因此，应选择特定的地理空间作为增长极，以带动经济发展。根据增长极理论，"增长极"将在两个方向作用于周围地区：一是集聚化过程。即增长极以其较强的经济技术实力和优越条件将周围区域的自然及社会经济潜力吸引过来，如自然资源、劳动力、投资、地方工业或企业。二是扩散过程，即增长极对周围地区投资及提供其他经济技术支援，为周围地区初级产品提供市场，吸收剩余劳动力等。在"增长极"发展演化的中后期，以扩散作用为主，在这阶段，给予多于吸取，区域发展水平趋于均衡。对于长江经济带城市协同发展而言，由于长江经济带内部差异较大，尤其是中西部城市发展水平参差不齐，更应当加强城市群内部的分工协作和优势互补,选择基础条件较好的地区作为"增长极",带动长江经济带整体的协同发展。

2011 年,著名经济地理学家、加拿大多伦多大学 Harald Bathelt 教授和德国海德堡大学 Johannes Gluckler 教授共同提出了关系经济学(The Relational Economy)的概念及理论思想,将人类的经济过程视为是"关系的"。该理论反对了以增长极等早期把单一地区作为主体的空间本体论,重点强调跨区域的经济主体之间的关系,并主张通过积极主动的区域政策来影响跨区域联系所产生的机遇和制约因素。关系经济学特别重视创新对于区域发展起到的关键作用。2017 年,以 Harald Bathelt 教授为核心的关系经济地理学者在 *The Edward Elgar Companion To Innovation And Knowledge Creation* 一书中指出,作为创新源泉的知识,往往是高度本地化的,而且会有选择性地建立跨区域联系,它们往往与城市、区域或国家的发展道路紧密相连,促使不同城市、区域或国家选择了其独特的发展路径。基于关系经济地理理论,本报告构建了长江经济带 110 个城市协同发展能力的综合评价体系,并着重体现了科技创新、经济和交通联系在跨区域发展中的重要作用。

二 协同发展能力评价指标体系

长江经济带协同发展能力指数指标体系（2019）由四个要素层与19个具体指标组成（如表2-1所示）。在要素层中，从"经济发展""科技创新""交流服务"与"生态支撑"四个方面综合考察其协同发展能力；在指标层中，通过综合GDP水平、财政科技支出额、机场客货运量、环保固定资产投资占GDP比重等具体指标对各个要素层的内涵进行精准刻画。本指标体系的数据主要来自近年各相关省份统计年鉴、各相关城市统计年鉴、各相关城市国民经济和社会发展统计公报等官方发布的统计数据。

表2-1 长江经济带城市协同发展能力评价指标体系（2019年）

要素层	指标层
经济发展	综合GDP水平
	当年实际使用外资金额
	单位GDP的固定资产投资额
	全国制造业500强总部数
	银行总分支行数
	社会消费品零售额

续表

要素层	指标层
科技创新	财政科技支出额
	"双一流"建设学科数量
	合作发明专利申请数量
	从事科技活动人员数量
交流服务	机场客货运量
	铁路班次数量
	互联网用户数
生态支撑	环保固定资产投资占GDP比重
	气象灾害损失值
	单位GDP耗电量
	单位工业产值污水排放量
	空气质量指数（AQI）
	高危企业数量

（一）经济发展指标

（1）综合GDP水平

为了兼顾总量和人均水平，本指标由城市GDP总量和人均GDP两部分组成。GDP（国内生产总值）是指一个地区（国家），包括本地居民、外地居民在内的常住单位在报告期内所生产和提供最终使用的产品和服务的价值。人均GDP是指一个地区（国家）核算期内实现的国内生产总值与这个地区（国家）的常住人口的比值，是衡量地区（国家）经济发展和人民生活水平的一个重要标准。本指标由城市总体GDP和人均 GDP 两部分组成，原始数据经标准化后，城市 GDP 总量和人均 GDP 指标的权重各占 50%。GDP 总量和人均 GDP 数据均来源于各省份《统计年鉴》、各个城市《国民经济和社会发展统计公报》。

(2) 当年实际使用外资金额

当年实际使用外资金额是指批准的合同外资金额的实际执行数，是衡量经济对外开放程度的常用指标。外商投资作为经济发展的催化剂，在促进中国城市经济总量和财政收入增加、产业结构优化升级、推动对外贸易发展、增加就业等方面起到了重要作用。当年实际使用外资金额一方面可以反映城市吸引外部投资和对外合作联系的能力，另一方面可以一定程度上体现区域经济的增长潜力和影响力。当年实际使用外资金额数据来源于《中国城市统计年鉴》。

(3) 单位 GDP 的固定资产投资额

单位 GDP 的固定资产投资额是衡量经济发展结构的常用指标之一。固定资产投资额是建造和购置固定资产活动的货币化体现，反映了固定资产投资规模、速度、比例关系和使用方向。固定资产投资既能够产生当期的 GDP 增量，又带来远期的 GDP 增量。长期以来，中国通过投资拉动的方式实现了经济的快速增长，但是也留下了很多结构性问题。当前，中国的生产要素禀赋已经发生变化，简单通过追加大量固定资产投资来拉动经济增长的发展方式难以为继。关注单位GDP的固定资产投资额，有助于考察城市的经济发展模式是否向更集约、更高级的方向转变。在本报告中，该指标涉及各城市国民生产总值和固定资产投资额均来源于《中国城市统计年鉴》。

（4）全国制造业500强总部数量

制造业500强总部数量，是反映企业自身优势与地区资源优势空间耦合效应的一大重要指标，已被国际上所广泛使用。企业基于区域间的资源优势差异，为实现企业价值链与区域资源的最优空间耦合，由此产生总部集群布局的一种经济形态。制造业500强总部数量，刻画了中国制造业500强企业总部空间布局特征以及不同制造业领域企业总部空间布局特征，可以为长江经济带区域产业结构优化升级，促进区域协调发展的分析提供基础支撑。本报告中的相关指标来自中国企业联合会、中国企业家协会等发布的中国制造业企业500强榜单。

（5）银行总分支行数量

银行分行支行数量，即加权统计一个城市所拥有的一定级别的银行网点。银行作为现代经济运行的核心，对经济的支撑和调控作用愈加显著，各地都在力争建设以银行为主体的金融中心。因为，银行业是地区金融活动的主要机构，也是金融资源的重要载体，正主导着中国现阶段的金融体系。因此，银行数量能够表征城市金融行业的发展水平，并间接反映城市金融控制力和经济影响力的强弱。本报告基于银监会银行名录，确定银行总部所在地，对不同级别的银行总行赋予权重；利用百度地图兴趣点（POI）数据，获取各地市拥有的银行分行和支行数，赋予与城市商业银行相同的权重，最终加和计算该指标。

（6）社会消费品零售总额

社会消费品零售总额，包括企业通过交易售给个人和社会集团的非生产、非经营用的实物商品金额，以及提供餐饮服务所取得的收入金额。社会消费品零售总额是衡量全社会经济消费活跃程度的重要指标，按商品类别可分为食品类零售额、日用品类零售额、文化娱乐品类零售额、衣着类零售额、医药类零售额、燃料类零售额、农业生产资料类零售额等。社会消费品零售总额数据来源于各个城市年度统计公报、《中国城市统计年鉴》。

（二）科技创新指标

（1）财政科技支出额

财政科技支出额是指政府对科技发展所给予的直接的资金支持金额，是支撑中国科技创新的重要基础。财政科技拨款包含了各级政府对科学技术活动的资金支持，它不仅用于支持R&D活动，也用于地震、环保、科普等方面的公益性科技活动和推动科技成果产业化。政府财政科技拨款是当前中国科技经费（包括R&D经费）的重要来源。地方政府财政科技支出额数据来源于各个城市年度统计公报、《中国城市统计年鉴》。

(2)"双一流"建设学科数量

"双一流"建设政策是国家实施的重大战略规划，基本原则中明确强调坚持以一流为目标和以学科为基础，突出中国特色，鼓励和支持不同类型大学的学科差别化建设与发展。"双一流"学科建设和高校建设在支撑国家创新驱动发展战略、服务经济社会发展，利于形成支撑国家长远发展的一流学科体系，也统筹推动区域内高水平大学优势特色学科建设。大学在知识创新、技术创新等方面发挥着不可替代的作用，也是区域以及城市知识生产和技术扩散的重要载体。"双一流"建设为高校以及地方建设与发展提供了历史性机遇，利于人才培养、科研成果的输出，在教育、科研乃至城市发展等方面都存在重大影响力。"双一流"建设学科数量一定程度上能反映城市高端人才和科技实力的综合实力，能够衡量城市的创新环境及创新潜力。本报告依据国家"双一流"学科建设公布的学科名单，按城市汇总统计得到该指标数据。

(3) 合作发明专利申请数量

随着生产要素的跨区域流动,城市间合作研发已成为创新活动的重要形式。城市间的创新合作有利于获取外部知识和创新资源,从而促进城市的科技发展,而合作发明专利申请数是对城市间创新合作强度的有效度量。为了突出城市间的协同能力,本报告选取的合作发明专利指标是长江经济带的110座城市之间的合作专利数量,而不包含合作主体位于同一城市的情况。同时,创新主体类型界定为企业、高校、科研院所和其他机构(包括中介服务机构、金融服务机构、政府机构等)共四类。合作发明专利申请数量的数据来源于国家专利信息数据库。

(4) 从事科技活动人员数量

科技活动人员指直接从事科技活动以及专门从事科技活动管理和为科技活动提供直接服务的人员,能够直接体现一个区域科技创新的整体实力和人力资本。直接从事(或参与)科技活动的人员包括在科研机构、高等学校、各类企业等单位的实验室、技术中心等机构中从事科技活动的研究人员。科技活动管理和为科技活动提供直接服务的人员包括科研机构等单位主管科技工作的负责人,从事科技活动的行政、财务、物资供应、资料管理等工作的各类人员。地方从事科技活动人员数量的数据来源于各个城市年度统计公报、统计年鉴和《中国城市统计年鉴》。

(三) 交流服务指标

（1）机场客货运量

机场客货运量可以表征机场的规模和效率，同时，机场客货运量还反映了一个城市的对外交往的能力，是一个城市国际影响力的重要体现。在生产要素全球流动频率越来越快的今天，航空运输业对于城市资源的集聚及配置能力与效率、在世界城市体系中的地位和能级、对外部的服务和辐射作用等至关重要。当前，世界上被公认的国际化大都市大都拥有两个以上的国际机场，航运繁忙、航空运输业发达。为了便于计算和量纲的统一，依据旅客吞吐量和货物吞吐量之间1:9的换算比，将货运吞吐量换算为旅客吞吐量并进行加总。机场旅客吞吐量和货物吞吐量数据均来源于各个城市年度统计公报、统计年鉴和《中国城市统计年鉴》。

（2）铁路班次数量

交通对生产要素流动、城镇体系发展具有决定性影响。铁路客运交通作为城市发展运送人流、物流的重要通道，既是连接城市的重要纽带，也在促进城市间的资源流通整合、物质和信息共享方面发挥着重要的作用。铁路班次数量是指一个城市内各个火车站点出发或经停的客运班次总数，能够反映一个城市与外界的交流程度和联系强度，也能体现出城市在区域中的辐射能力。本报告利用本地宝网站（http：//hcp.bendibao.com）的"车站查询"功能，获取长江经济带中各个城市的主要火车站的班次数量和列车类型。其中，旅客列车班次的主要类型包括高铁（G字头）、城际（C字头）、动车（D字头）、直快（Z字头）、特快（T字头）和快速（K字头）列车。最终结果通过各类型列车型号数加权求和计算得出。

（3）互联网用户数

互联网已经成为社会经济生活中不可或缺的重要组成部分。互联网一方面为人与人之间的信息收集、传递、交流和分享提供了便捷的渠道，极大地降低了人们的信息交流成本，改变着人们传统的日常生活方式；另一方面催生出新经济、新业态，对城市的空间结构、社会文化产生重大的影响，成为推动城市发展和转型的重要因素。在网络时代里，互联网活跃度高的城市更容易在城市网络中占据重要节点位置，并在区域协同发展中发挥重要作用。因此，本报告将城市的互联网用户数作为反映城市的信息化水平和信息交流能力的指标之一纳入评价体系，相关数据来自于《中国城市统计年鉴》。

(四) 生态支撑指标

(1) 环保固定资产投资占 GDP 比重

环保投资占 GDP 的比重，表征一个地区的生态环境保护能力。为协调人与自然，解决现实或潜在的环境问题，实现可持续发展而采取的一系列行动即是环保投资。环保投资力度在一定程度上能够反映当地对环保的重视程度及环保建设的强度，因而加大环保投资有助于提高区域生态环境水平，并及时处理潜在的生态安全问题，进而促进城市"社会—经济—自然"复合生态系统协调发展。本报告通过查找《中国城市建设统计年鉴》获得排水、园林绿化、市容环境卫生三项市政公共设施建设固定资产投资的数据，进而加和计算获得该指标。

(2) 气象灾害损失值

气象灾害损失值可以表征气象受灾情况和国家的抗灾能力，能够很好地反映灾害对人类和生态的破坏程度。国际上多数国家把气象防灾减灾视为可持续发展的前提条件。2018 年 3 月，世界气象组织（WMO）发布了《2017 年全球气候状况声明》，《声明》重点强调了极端天气对全球经济发展、粮食安全、人类健康和人口迁移造成的巨大影响。同时，气象灾害是长江流域主要面临的生态风险，尤其是旱涝灾害最为突出。

气象灾害造成的损失多涉及多个区域，区域间有效的协调防治能更好地减灾抗灾。对长江经济带城市协同发展能力的评价应充分评估区域发展面临的生态风险和抗灾能力。气象灾害损失值能够有力地说明区域发生灾害的情况和对抗灾害的能力。为更客观反映区域气象灾害情况，报告对长江经济带城市2009—2018年的十年气象灾害受灾人数和经济损失的平均值进行标准化后加总处理，以此评估长江经济带城市发展中的自然灾害风险和防御情况。

（3）单位GDP耗电量

单位GDP耗电量是指一个地区在一定时期内每产生万元GDP（国内生产总值）所消耗掉的电能，是衡量经济可持续发展能力与产业结构优化的国际通用指标之一。该指标直接反映了地区经济活动对能源的依赖程度：单位GDP耗电量越大，说明经济增长对能源的依赖程度越高。此外，单位GDP耗电量能够从侧面反映区域经济增长方式、环境规制效果、工业技术水平等多方面内容。在资源驱动和投资驱动的地区，经济增长主要依靠增加生产要素投入、扩大生产规模，单位GDP耗电量往往较高；而创新驱动的地区主要依靠科技进步和提高劳动者的素质等集约型方式推动经济增长，其单位GDP耗电量相对较低。本报告中，该指标涉及的全市全社会用电量和GDP数据均来自于

《中国城市统计年鉴》。

（4）单位工业产值污水排放量

单位工业产值污水排放量，即工业废水排放系数，是指地区一定时期内每单位国内工业产值所产生的工业废水排放量。该指标直接反映了经济活动对水环境的影响，能够量化表征经济与环境的协调发展程度。当前，水环境恶化已经直接威胁长江流域的经济发展和民众生活。长江流域的水污染问题成为长江经济带各城市实现可持续发展必须解决的首要问题之一。此外，提高长江经济带各城市的水环境综合治理能力，提升城市群的生态保护协同能力对实现长江经济带整体的协同发展具有重要意义。基于此，本报告纳入单位工业产值污水排放量来反映长江经济带中各城市的经济增长绿色化程度及其面临的水环境风险，为区域环境问题的联防联治提供参考。工业废水排放量数据源自于《中国城市统计年鉴》，工业产值数据来源于各城市统计年鉴。

（5）空气质量指数（AQI）

空气质量指数（Air Quality Index，AQI）是定量描述空气质量状况的无量纲指数，常作为研究空气质量的一个指标。空气质量指数是利用当天监测的PM10、PM2.5、NO_2、CO、SO_2以及O_3这六种污染物含量综合反映和评价该天空气质量。根据《环境空气质量指数（AQI）技术规定（试行）》将每日空气质量分为优、良、轻度污染、中度污染、重度污染、严重污染六个等级。空气质量指数的数值越大、级别越高以及表征颜色越深，表明空气质量越差，空气污染状况越严重。空气质量指数不仅表征大气环境质量，还能反映城市对空气质量问题的重视及治理的投入力度，且一定程度上反映城市居民的环保意识，以及该城市经济发展质量和创新驱动转型的成效。本报告中空气质量指数指标数据来源于中国生态环境部官方网站公布的数据。

（6）高危企业数量

高危企业数量，是指将对城市发展产生较大潜在生态风险和危害的企业总数。中国经济发展向高质量发展方向转型，意味着区域经济的绿色发展道路已成为区域可持续发展的必由之路。对生态问题的关注和重视越来越成为实现长江经济带城市协同发展的必然要求。因此，长江经济带区域发展的生态环境问题，也将是影响长江经济带区域协同发展的重要因素。本报告以高危企业数来分析经济发展背后的潜在生态风险。相关数据资料来自国家环境保护部发布的各省市《重点监控企业名录》，覆盖了排放废水企业、排放废气企业、污水处理厂、重金属企业、危险废物企业、规模化畜禽养殖场六种类型。

三 计算与分析方法

（一）指数计算方法

指标体系权重采取逐级等分分配的方式。首先，将长江经济带协同发展能力指数的总体权重设为100%，再按目标层下属的四个要素层等分，最后在每个要素层下的具体指标中等分分配。

指标数据的标准化采用最大值标准化法。在对指标进行计算前，首先需要区分该指标是属于正指标还是逆指标，对于属于正指标的数据，将其中最大值计为100分；对于属于逆指标的数据，将其中最小值计为100分。随后，采用最大值标准化法计算出该项指标的初始得分。正、逆指标得分取值范围均为0—100，若出现负值统一进行归零处理。通过上述处理，在初始得分上，某个城市在某个指标上得分越高，则可以表征城市当年在该领域表现越好，初始得分越小则可以表征城市表现越差。

根据指标定义进行计算，分别得到长江经济带110个城市相应的要素层和具体指标得分，城市的某一级得分越高表示该城市在这一级表现越好，整体得分越高则表明该城市在长江经济带协同发展中水平越高。

（二）空间自相关分析

在指数计算的基础上，长江经济带协同发展能力指数对110个城市的空间聚类规律进行刻画，为进一步分析工作提供良好基础。

Moran's I 指数是最早应用于全局聚类检验的方法。它检验整个研究区中临近地区间是相似、相异（空间正相关、负相关），还是相互独立的。Moran's I 指数计算公式：

$$I = \frac{N \sum_i \sum_j w_{ij} (x_i - \bar{x})(x_j - \bar{x})}{(\sum_i \sum_j w_{ij}) \sum_i (x_i - \bar{x})^2}$$

这里，N 是研究区内地区总数，w_{ij} 是空间权重，x_i 和 x_j 分别是区域 i 和 j 的属性，$\bar{x}$ 是属性的平均值。

本报告通过观测 Moran's I 指数对长江经济带中城市的协同发展程度进行分析。Moran's I 指数数值处于 –1 到 1 之间，值接近 1 是表明具有相似的属性集聚在一起；值接近 –1 时表明具有相异的属性集聚在一起。如果 Moran's I 指数接近于 0 则表示属性是随机分布的，或者不存在空间自相关性。基于 Moran's I 指数计算结果，可对长江经济带 110 个城市在空间上的协同发展程度进行刻画。

（三）指数趋势分析

从 2015 年长江经济带协同发展能力指数发布至

今，已经积累了大量的指标历史数据。基于历年数据库及2019年长江经济带协同发展能力指数计算结果，可以对历史发展水平进行分析。对现有年份的发展态势可以采用时间序列分析（Time-Series Analysis），该方法将一组原始时序数据分解为趋势、周期、时期和不稳定因素等具体成分，从而对内生的规律性特点进行分析。

在本报告中，关注不同城市历年发展水平变化，尤其是关注进步或退步趋势显著的城市，并分析其背后成因。具体来看，还根据各个城市在不同要素层的表现分别分析，探索某些显著指标的变化趋势及其对整体指数的影响程度。研究采用平滑法对历年数据进行修正，并将其与2019年最新发展情况进行比较，分析其发展趋势。

第三章 长江经济带城市协同发展能力评价结果

根据国家统计局以及长江经济带九省二市统计局近几年来公布的官方统计资料，采用由科技创新、经济发展、交流服务、生态保护四个领域19个指标构成的评价指标体系以及加权平均并求和的计算方法，对长江经济带110个地级及以上城市协同发展能力进行了综合计算，并对比2018年长江经济带城市协同发展能力排行榜，对2019年度各城市在排行榜的位次变动、空间分布特征以及内在驱动因子等进行了详尽的分析。

一 长江经济带城市协同发展能力排行榜

根据综合计算结果，形成了2019年长江经济带城市协同发展能力排行榜（表3-1）。从榜单可以看出，上海、南京、杭州、武汉、成都、重庆、苏州、长沙、无锡、宁波10个城市居排行榜的前10名。与2018年相比，前10名的城市没有发生变化，仅位次上发生了少许变动，其协同发展能力在长江经济带城市群中处于较为稳定的领先水平。其中杭州在2019年的排行榜当中提升1位，位居第3名，而苏州则跌出三甲的行列，在排行榜中下落4位，仅位居第7名。武汉、成都、重庆分别在2019年的排行榜当中提升1位，其余城市则保持排序不变。

排行榜的最后10个城市分别为淮北、淮南、眉山、巴中、普洱、昭通、乐山、雅安、保山、临沧，名单与2018年有一定出入①。荆州、衢州、黄石、荆门、马鞍山、鄂州6座城市从榜单中最后10名消失，并且排名提升幅度较大，其中马鞍山、荆州、衢州和鄂州在城市协同发展能力榜单中提升幅度非常大，分别在排行榜单中提升了43名、41名、40名和39名，黄石和荆门的提升幅度也较大，分别提升了25名和8名。而眉山、巴中、普洱、昭通、雅安在排行榜中有较大的下降幅度，跌入后10名的行列。从总的格局来看，长江经济带城市协同发展能力依然呈现东高西低、

---

① 2018年，长江经济带城市协同发展能力排行后10名城市分别为：荆州、衢州、黄石、乐山、荆门、马鞍山、临沧、淮南、鄂州、保山。

省会城市和沿江沿海城市较高的态势,这与 2018 年长江经济带城市协同发展能力的分布基本一致。

表 3-1　长江经济带城市协同发展能力排行榜（2019 年）

排名	城市	指数	排名	城市	指数	排名	城市	指数
1	上海	100.00	38	株洲	7.32	75	吉安	4.26
2	南京	48.35	39	蚌埠	7.07	76	咸宁	4.11
3	杭州	45.82	40	舟山	6.88	77	十堰	4.11
4	武汉	43.51	41	常德	6.38	78	黄石	3.98
5	成都	39.76	42	宿州	6.28	79	攀枝花	3.88
6	重庆	38.82	43	淮安	6.16	80	景德镇	3.87
7	苏州	38.68	44	鹰潭	6.09	81	资阳	3.84
8	长沙	28.86	45	赣州	6.05	82	阜阳	3.79
9	无锡	26.22	46	连云港	6.02	83	张家界	3.78
10	宁波	24.68	47	九江	5.68	84	遂宁	3.71
11	合肥	22.82	48	抚州	5.64	85	安顺	3.67
12	昆明	19.38	49	宜春	5.55	86	六盘水	3.64
13	常州	18.29	50	遵义	5.54	87	黄冈	3.62
14	温州	15.95	51	德阳	5.47	88	泸州	3.56
15	镇江	15.38	52	萍乡	5.38	89	池州	3.55
16	徐州	14.44	53	黄山	5.32	90	达州	3.52
17	金华	14.40	54	内江	5.29	91	孝感	3.47
18	南通	14.37	55	湘潭	5.19	92	邵阳	3.44
19	绍兴	14.22	56	滁州	5.18	93	宜宾	3.25
20	贵阳	13.48	57	新余	5.18	94	亳州	3.24
21	嘉兴	13.12	58	怀化	5.12	95	随州	3.21
22	南昌	12.29	59	铜陵	5.11	96	益阳	3.13
23	湖州	12.28	60	荆州	5.09	97	荆门	3.08

续表

排名	城市	指数	排名	城市	指数	排名	城市	指数
24	台州	11.17	61	南充	5.04	98	丽江	3.06
25	扬州	9.96	62	衢州	5.02	99	铜仁	2.99
26	芜湖	9.41	63	马鞍山	4.88	100	广安	2.96
27	盐城	9.36	64	六安	4.69	101	淮北	2.92
28	宜昌	9.05	65	宿迁	4.66	102	淮南	2.81
29	泰州	8.90	66	宣城	4.63	103	眉山	2.53
30	衡阳	8.37	67	曲靖	4.61	104	巴中	2.09
31	岳阳	7.97	68	玉溪	4.60	105	普洱	2.01
32	上饶	7.88	69	永州	4.44	106	昭通	1.98
33	绵阳	7.78	70	鄂州	4.43	107	乐山	1.98
34	襄阳	7.64	71	娄底	4.40	108	雅安	1.93
35	郴州	7.57	72	广元	4.36	109	保山	1.06
36	毕节	7.47	73	自贡	4.34	110	临沧	1.00
37	丽水	7.44	74	安庆	4.29			

长江经济带各地级市的协同发展能力与其位序近似服从Zipf的规模位序分布规律,得分的对数与其排序的拟合优度达到了86.06%(图3-1),较2018年提高2.52个百分点。前10名城市和后10名城市的协同能力仍然偏离拟合的整体规模—位序分布曲线。与2018年相比,2019年年度规模—位序拟合线斜率的绝对值变大,说明协同发展能力呈现出更加一体化的趋势。

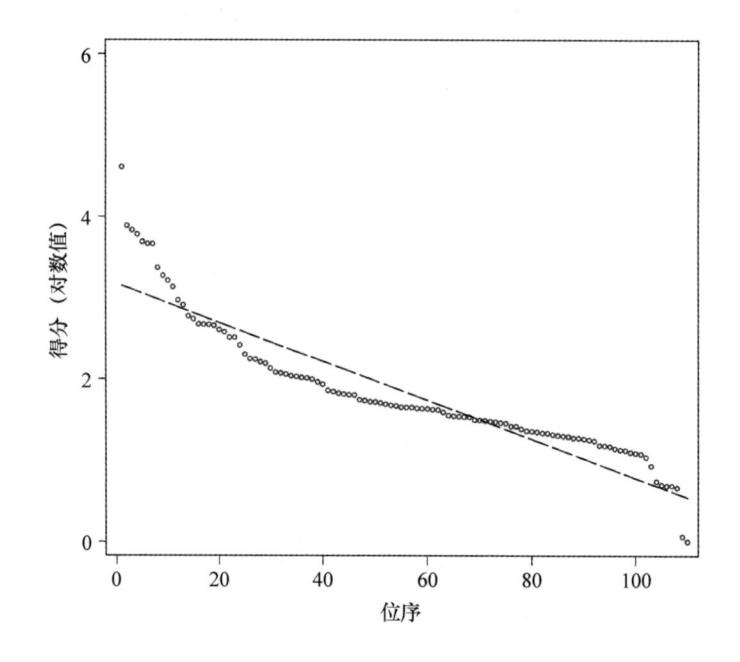

图 3-1 长江经济带城市协同发展能力的得分—位序分布（2019 年）

长江经济带内部各城市间的协同发展能力差距仍然比较显著。使用自然断裂点分析方法，根据本报告的现实数据，发现长江经济带城市协同发展能力的自然断裂点分别为49、17、6、4.6和3.23。据此，可以将长江经济带110个地级及以上城市分为六个等级：

第一类城市：龙头城市（得分100分）

与2018年相同，这类城市仍然仅含上海一座城市。上海的协同发展能力在长江经济带110个地级及以上城市中排名首位，得分遥遥领先于排在第二位的南京，是长江经济带协同发展的龙头。上海在经济发展、科技创新、交流服务等领域协同发展能力得分都位居榜首，仅在生态保护协同发展能力上排名靠后，仅排名82位,这是因为虽然上海在环保固定投资、单位GDP耗电量以及单位工作产值污水排放量上表现优异,然而过多的高危企业数量最终导致其在生态领域的得分较低。上海不仅具有规模可观的外资、科创资源,还具有辐射全流域的交通设施和生产性服务业,在辐射带动整个经济带的协同发展领域也具有一定的制度创新优势和前期发展经验,对长江经济带全流域发展具有重大影响,但生态领域则仍需加强。

第二类城市:高级区域中心城市(得分17—49分)

包括排名第2—13位的南京、杭州、武汉、成都、重庆、苏州、长沙、无锡、宁波、合肥、昆明、常州计12座城市。这12座城市分别位居长江上、中、下游,是对长江经济带三大城市群(成渝城市群、长江中游城市群和长三角城市群)具有辐射带动作用的区域性节点城市。这12座城市在经济发展、科技创新、交流服务领域拥有雄厚的基础,在3个排行榜中都名列前茅,然而在生态保护领域表现一般,仅排在中下游,平均协同指数为47.65,相当于生态领域排名的第79位;在经济发展、科技创新、交流服务领域的平均协同指数分别为40.50、22.93和39.79,在各分领域排名中分别相当于第8、6、8位。其中,南京在合作专利数量以及重点高校数量处于领先地位,是长三角城市群重要的科创中心；杭州的科技创新处于领先地位，是全经济带重要的科创中心；武汉在铁路客运数量以及重点高校数量处于领先地位，是长江经济带重要的铁路节点和科创中心；成都在从事科技活动人员数量以及银行总分支行数量处于领先地位，是长江上游地区的科创中心；重庆在GDP以及利用外资规模处于领先地位，是成渝城市群重要的经济中心；苏州合作专利数量、财政科技支出以及制造业500强总部数量上都处于领先地位，是长三角地区重要的科创中心和经济中心；长沙在GDP及节能减排方面表现突出，是中部地区重要的经济中心和生态集约型城市；合肥在科技创新领域表现突出，是国家三大综合性科学中心之一，也是全国首个科技创新型试点市；昆明的航空运输量在长江上游地区位居魁首，是辐射西部、联通东南亚地区的重要航空节点。

第三类城市：一般区域中心城市（得分6—17分）

包括排名第14—46位的温州、镇江、徐州、金华、南通、绍兴、贵阳、嘉兴、南昌、湖州、台州、扬州、芜湖、盐城、宜昌、泰州、衡阳、岳阳、上饶、绵阳、襄阳、郴州、毕节、丽水、株洲、蚌埠、舟山、常德、宿州、淮安、鹰潭、赣州、连云港计33座城市。这类城市虽然在综合能力上逊色于前两类城市，但往往在个别分专题领域表现突出，例如南通、镇江等在生态建设领域具有领先水平;嘉兴在科技创新方面表现优异,拥有嘉兴科技城、嘉兴秀洲高新技术产业开发区、嘉兴高新技术产业园区等多个科创平台,科创实力雄厚,是长江经济带重要的科创高地,然而过多的高危企业数量却拖了嘉兴协同发展水平的后腿;资阳在单位 GDP 耗电量等节能减排指标上位居榜首,是成渝城市群重要的环境保护模范城市。

第四类城市:区域重要城市(得分:4.6—6分)

包括排名第 47—68 位的九江、抚州、宜春、遵义、德阳、萍乡、黄山、内江、湘潭、滁州、新余、怀化、铜陵、荆州、南充、衢州、马鞍山、六安、宿迁、宣城、曲靖、玉溪计 22 座城市。这类城市总体协同能力一般,辐射带动能力一般。不过,这些城市大多是地方性经济中心,在当地对邻近区域具有一定的辐射带动能力;个别专业化的城市依赖当地某类自然禀赋(如部分旅游城市、矿业城市),在个别领域有较强的对外服务功能,其未来的协同发展能力提升空间较大。

第五类城市:地方重要城市(得分:3.23—4.6分)

包括排名第 69—93 位的永州、鄂州、娄底、广元、自贡、安庆、吉安、咸宁、十堰、黄石、攀枝花、景德镇、资阳、阜阳、张家界、遂宁、安顺、六盘水、黄冈、泸州、池州、达州、孝感、邵阳、宜宾计25座城市。这类城市总体协同能力较弱，辐射带动能力相对较弱。这类城市或者在经济发展、科技创新、交流服务、生态保护各个分领域的协同水平都不够突出；或者是在某一个领域表现较差，导致总指数排名靠后，比如宜宾，在经济发展、科技创新、交流服务领域表现尚可，但其在生态领域的排名却因为单位产值污水排放量较大而位居末位。这类城市往往协同发展能力的提升空间较大，未来需准确定位城市自身的优势，克服限制其协同发展的短板领域，从而提升整体协同发展水平。

第六类城市：地方一般城市（得分<3.23分）

包括排名第94—110位的亳州、随州、益阳、荆门、丽江、铜仁、广安、淮北、淮南、眉山、巴中、普洱、昭通、乐山、雅安、保山、临沧计17座城市。这类城市协同发展能力薄弱，与前五类城市相比差距显著。限制这类城市协同发展的因素主要有两个：一是存在生态保护或科技创新等领域的短板，且经济基础薄弱，而其他领域又不突出；二是对外联系强度很低，交流服务能力较弱，城市内几乎没有任何突出的对外服务功能，属于完全靠内生服务功能支撑的地方城市。这类城市未来亟待补齐短板、增强对外联系，积极融入区域整体的协同发展。

从空间分布来看，长江经济带内上、中、下游城市的协同发展能力存在比较明显的差异。长江下游地区是协同发展能力高值集聚区，存在上海这个全经济带的中心和南京、杭州、苏州、无锡、宁波、合肥等区域性中心城市，城市间协同发展能力水平差异不大，已步入一体化阶段，是长江经济带其他地区发展的样板。长江中游地区的协同发展能力居中，除武汉、长沙和南昌三个省会城市协同发展能力较强外，其余城市的协同发展能力并不突出，说明这一区域的协同能力受行政级别影响较大，处在非均衡发展阶段，中心对周边的"虹吸效应"大于"辐射效应"；此外，中游地区协同能力较高的城市呈现沿京广线和京九线带状分布的特征。长江上游地区的协同发展能力非常低，仅重庆、成都的协同发展能力较为突出，区域内协同发展能力的空间差异较大，属于低水平发展地区。

二 长江经济带专题领域协同发展能力排行榜

以下将分别对长江经济带各城市在经济发展、科技创新、交通联系与生态保护四个专题领域的协同发展能力进行深入剖析，从而更好地理解长江经济带各城市的整体协同发展能力排名及其变化的主要原因与优劣势。

（一）长江经济带城市经济协同发展能力排行榜

在表3-2中列出了长江经济带经济方面协同发展能力的前十名与后十名城市的具体排名与指数，及其同2018年排名位次相比的变化情况。从表中可以看出长江经济带城市经济协同发展能力排名前十位的城市中，有6个城市位于长三角地区，有4个城市位于长江中上游地区。重庆、武汉、成都、长沙这四个城市作为长江中上游地区的区域性中心城市，在经济发展方面起到了引领带动周边地区的作用。虽然上海、苏州、杭州一直以来都稳居前三名的位置，但从指数上来看，第1名上海与第2名苏州的指数差距略微变大，2018年上海、苏州在经济领域的协同发展能力指数分别是100和64，而2019年变为100和62.69。上海在GDP总量、外商直接投资总量、银行总行数量以及社会消费品零售额等方面在长江经济带中占据绝对龙头地位，这在经济协同发展能力指数上也很明显地体现出来，上海的指数与前十名其他城市的指数相差较大，而除上海外其他九个城市的指数之间相差则较小。在全国制造业500强总部数上，苏州以25家制造业总部数超过上海19家，这在一定程度上说明了近年来苏州大力发展总部经济取得了较好的成效，同时无锡市拥有20家全国制造业500强总部，以微弱优势超过上海。在银行支行数方面，重庆由于面积广阔，其银行支行的数量高达5469家，远超过上海3122家支行。在经济发展的主要指标上，江苏省省会南京与苏州相比，仅在社会消费品零售额上略微领先于苏州，在其他方面均略微落后于苏州。

表3-2 长江经济带城市经济协同发展能力前十名和后十名榜（2019年）

\multicolumn{5}{c	}{前十名}	\multicolumn{5}{c}{后十名}
排名	城市	指数	位次变化	所在省市	排名	城市	指数	位次变化	所在省市
1	上海	100.00	0	上海	101	阜阳	5.22	-6	安徽
2	苏州	62.69	0	江苏	102	邵阳	5.15	0	湖南
3	杭州	53.15	0	浙江	103	广元	4.75	-2	四川
4	重庆	49.04	+1	重庆	104	普洱	4.03	+1	云南
5	无锡	46.49	-1	浙江	105	铜仁	3.95	+3	贵州
6	武汉	44.80	0	湖北	106	保山	3.55	-2	云南
7	成都	41.37	+1	四川	107	丽江	3.30	-1	云南
8	南京	39.48	+1	江苏	108	昭通	3.12	-1	云南
9	宁波	39.42	-2	浙江	109	临沧	2.03	0	云南
10	长沙	37.77	0	湖南	110	巴中	1.00	0	四川

在排名后十名的城市中，以云南省城市居多，其他城市分散在安徽、湖南、四川、贵州省。除第10名阜阳外，后九名城市均位于长江中上游地区。后十名城市经济协同发展能力指数从5.22下降到1，实际差

距不大。未来云南省在经济发展领域仍需要付诸更多的努力来实现较大的提升。

在位次变化上，前十名的城市排名变化较小，较为稳定，2018年前十个城市在2019年仍然全部在前十名的榜单中，仅在位次上略有小幅变化。后十名城市排名位次相比前十名城市略大，但整体上来说相对稳定。相比创新、交通与生态协同发展能力，经济领域的前十名与后十名城市位次变化相比更加稳定。其中，临沧、巴中在2018年与2019年均位于110个城市中倒数第1名与倒数第2名，经济发展相对水平没有得到提升。

（二）长江经济带城市科创协同发展能力排行榜

在科技创新能力领域，长江经济带各城市协同发展能力的前十名与后十名的排行榜见表3-3。在该表中，前十名中有6个城市集中在长三角地区，4个城市位于长江中上游地区，与经济发展领域保持一致。创新协同发展能力是四个分领域中前十名之间差距最大的领域，前十名中第1名上海的指数遥遥领先于其他城市，第1名与第10名的指数相差了接近10倍，其他领域的差距并没有如此凸显，在一定程度上显示了长江经济带的创新资源与创新能力的空间集聚程度较高。合肥、苏州、重庆的创新协同发展能力指数较为接近。长江经济带创新协同发展能力前十名的城市与经济发展能力前十名的城市基本一致。尽管南京在经济协同发展领域略落后于苏州，但其在创新协同发展能力方面十分突出，在长江经济带110个城市中排名第2。与经济发展领域相比，前十名的城市中无锡市没有进入创新领域的前十名，取而代之的是合肥市。合肥市在科技创新方面表现较为突出，以中国科学技术大学为首的高校及科研院所等为合肥市的科技创新发展贡献了极其重要的力量。截至2019年8月，全国共有四个城市获批综合性国家科学中心，其中上海和合肥位于长江经济带，由此体现了上海和合肥在科技创新领域的重要地位。但合肥市从事科技活动的人员数量远远低于上海、南京、武汉、重庆等城市，拉低了合肥整体的科创协同发展能力水平，使得合肥在科创领域前十名中排名较为靠后。在"双一流"建设学科上，只有前十名的城市和南昌、贵阳、昆明拥有，其他城市均没有双一流建设学科，高水平创新教育资源分配十分不均。

在从事科技人员数量上，上海的人员数量远超其他城市，次之是成都，随后是杭州。杭州在经济协同与创新协同发展能力均排在第三位，说明杭州在经济与创新方面发展较为均衡，不过分依靠体量发展经济，创新在其中也发挥了重要的作用。重庆作为中国四大直辖市之一，从事科技活动的人员数量在长江经济带110个城市中排名靠前，但其"双一流"建设学科数量较少，甚至少于长沙、成都等城市，同时在财政科技支出与合作发明专利申请数量上也表现一般，因此重庆的科技创新协同能力在前十名中排名靠后。后十名的创新协同发展能力指数实际相差不大，从1.28下降到1，其中有5个城市集中在四川省，说明四川省在创新协同发展方面仍然有较大的提升空间。贵州省由于城市数量较少，虽然没有出现在后十名城市中，但相对来说整体的科技创新协同能力仍处于较低的水平，大部分城市处于排名靠后的位置。

表3-3 长江经济带城市科创协同发展能力前十和后十榜（2019年）

前十名					后十名				
排名	城市	指数	位次变化	所在省市	排名	城市	指数	位次变化	所在省市
1	上海	100.00	0	上海	101	益阳	1.28	-6	湖南
2	南京	49.24	0	江苏	102	保山	1.20	+1	云南
3	杭州	38.80	+2	浙江	103	临沧	1.19	+6	云南
4	武汉	36.71	-1	湖北	104	淮北	1.19	-8	安徽
5	成都	31.99	-1	四川	105	内江	1.16	+1	四川
6	合肥	20.28	+1	安徽	106	广元	1.13	-2	四川
7	苏州	20.15	-1	江苏	107	遂宁	1.13	0	四川
8	重庆	19.65	0	重庆	108	广安	1.08	0	四川
9	长沙	15.50	0	湖南	109	雅安	1.07	-80	四川
10	宁波	12.46	+2	浙江	110	张家界	1.00	0	湖南

与2018年相比，创新协同发展能力前两名位次没有变化，上海、南京稳居创新领域的前两名，前十名中杭州、宁波的名次均提高了两名，武汉、成都、合肥、苏州的排序略有轻微调整。2018年排名第10名的无锡退出前十名，2019年宁波的创新协同发展能力在长江经济带中从2018年的第12名跃升为第10名。广安、临沧、张家界同2018年一样依旧占据创新领域的后十名，相比其他城市的协同创新的相对能力没有得到提升。后十名中，雅安的排名下降幅度较大，从2018年排名位次下降80名后成为科技创新协同发展能力第109位的城市，从具体指标上来看，其财政科技支出、从事科技活动人员数量均有小幅增长，但合作发明专利申请数量却有所下降，还未形成持续稳定的合作创新能力，创新领域的协同能力相对较为薄弱。

（三）长江经济带城市交流服务能力排行榜

交通交流是区域间协同发展的重要基础条件，表3-4给出了长江经济带交通领域协同能力前十与后十名城市的排行榜。前十名中有5个城市位于长三角地区，其他5个城市位于长江中上游地区，相对经济发展、科技创新与生态保护领域来说，交通协同发展能力的空间分布相对较为均衡。上海市在经济发展、科技创新与交通协同发展能力方面均位列长江经济带的首位，并且遥遥领先于其他城市，是长江经济带的龙头城市。重庆、武汉、成都、长沙、昆明这五个区域性中心城市在交通协同能力方面表现突出，体现了这些城市在交通与信息交流方面的枢纽地位。其中，昆明首次进入交通领域的前十名，从2018年的第12位上升到2019年的第9位，其交通协同能力超过无锡，仅次于长沙。虽然昆明在互联网用户数量上相比其他城市较少，但在机场客货运量方面，昆明表现突出，尤其是机场货运量超过南京、重庆、武汉、杭州等城市。原本排名第10位的徐州，2019年排名下降到第14位，尽管徐州在铁路运输方面占据较大优势，同时在机场客运量上与互联网用户数方面有所增长，但增幅较小，并且机场货运量相比2018年有所下降，使得徐州在交通交流方面的协同发展能力排名下降。后十名城市的交通协同发展能力受到地形、经济发展等因素的影响较大，主要集中在四川、云南等省份。临沧、普洱、保山等城市在经济发展、科技创新与交通交流三个领域的协同发展能力均排名靠后，基本均处于后十名的位置。攀枝花作为典型的资源枯竭型城市，其货运量较大，具有较好的货运能力，但由于本指标体系为了更全面地衡量城市的交流服务能力，不仅考虑城市的货运水平，还要兼顾客运、互联网线上交流等方面，因此攀枝花的城市交流服务能力排名相对靠后，这在一定程度上也意味着攀枝花在未来发展中还需进一步提高其人员、信息等方面的对外交流能力。

表3-4 长江经济带城市交流服务能力前十名和后十名榜（2019年）

前十名					后十名				
排名	城市	指数	位次变化	所在省市	排名	城市	指数	位次变化	所在省市
1	上海	100	0	上海	101	张家界	1.69	+1	湖南
2	南京	55.74	0	江苏	102	六盘水	1.67	-3	贵州
3	重庆	55.49	+1	重庆	103	资阳	1.49	-14	四川
4	武汉	51.67	+1	湖北	104	攀枝花	1.30	+1	四川
5	杭州	50.47	-2	浙江	105	昭通	1.27	+1	云南
6	成都	49.28	+1	四川	106	景德镇	1.26	-3	江西
7	苏州	41.81	-1	浙江	107	雅安	1.25	0	四川
8	长沙	37.12	0	湖南	108	保山	1.24	0	云南
9	昆明	31.80	+3	云南	109	普洱	1.03	+1	云南
10	无锡	27.45	-1	浙江	110	临沧	1	-1	云南

相比2018年的排名，前十名的城市位次依旧较为稳定，上海与南京牢牢占据交通领域的前两名并保持稳定。重庆、武汉、成都、昆明这四个中西部中心城市的交通交流协同能力提升迅速，重庆、武汉甚至超过杭州。相比经济、科技创新和生态保护领域，交通交流协同能力的后十名城市的排名变化幅度较小，相

对稳定。后十名中资阳排名下降幅度最大，从2018年的第89名下降到2019年的第103名，下降了14个位次，虽然在交通交流服务领域各指标上来看相比2018年有所提升，但整体的提升幅度远远落后于整个长江经济带的发展速度，因此导致资阳在长江经济带110个城市中的排名下降较多。其他城市的排名略有调整，整体幅度变化不大。

（四）长江经济带城市生态保护协同能力排行榜

生态环境保护是区域协调发展的重要组成部分，习近平总书记多次对长江经济带生态环境保护工作作出重要指示，强调推动长江经济带发展，理念要先进，坚持生态优先、绿色发展，把生态环境保护摆上优先地位，涉及长江的一切经济活动都要以不破坏生态环境为前提，共抓大保护，不搞大开发。从长江经济带城市生态保护领域协同发展能力排行榜来看（见表3-5），前十名和后十名的城市在空间分布上相对较为分散，在长江中上下游地区均有分布，后十名的城市集中在湖北省、浙江省和四川省。虽然上海在经济发展、科技创新、交通领域的协同发展能力上均位列长江经济带的首位，但在生态保护方面还有较大的提升空间，2019年上海市的生态保护协同能力在整个长江经济带110个城市中位列第82名，处于较靠后的位置，相比2018年排名第86位上升了4位，说明上海在生态保护协同能力方面略有提升。从具体指数上来看，生态保护领域前十名的城市生态协同发展指数从最高的100到第10名的75.92，相比经济发展、科技创新与交通交流三个领域，生态保护领域前十名的协同发展能力之间的差距较小，发展较为均衡。第1名黄山与第2名抚州的差距微小。虽然黄山与抚州在各项指标中均没有排在第1位，但其在气象灾害、耗电量、污水排放量、高危企业、空气质量等各指标上均处于前列并且各方面发展较平衡，因此在生态保护协同能力上处于整个长江经济带的前两名。

从排名位次的变化上来看，前十名中张家界排名上升幅度较大，其生态环境保护工作卓有成效，排名从2018年的第31位上升到第7位。张家界在生态保护协同发展能力的指标中高危企业数量与单位工业产值污水排放量大幅度减少，同时空气质量也得到了明显改善，排名处于长江经济带前列。南昌、遂宁都上升到前十名，南昌成为长江经济带中唯一一个在生态协同保护领域进入前十名的省会城市。遂宁从2018年的第16位上升到第10位，生态保护协同能力得到了较大的提升。2018年鄂州在下降12名成为排名最后一位的城市后，2019年没有出现在后十名的城市列表中，其单位GDP耗电量下降明显，同时在环保方面的投入增多，具体表现为环保固定资产投资占GDP的比重有明显的提升。而荆门、嘉兴、绍兴、宜宾、攀枝花、衢州、乐山等2018年排在最后几名的城市排名则有一定程度的下降，攀枝花从2018年第93位下降到2019年第108位，乐山从2018年第98位下降到最后一名，嘉兴从2018年第90位变为第104位。在后十名的城市中宜宾下降最多，下降了19位，从具体指标上来看，宜宾的单位工业产值污水排放量和空气质量指数在整个长江经济带处于倒数的水平，水污染与空气污染使得宜宾的生态保护协同能力表现不佳。浙江省嘉兴虽然在经济协同发展能力排名位于第21位，但其生态环境污染较为严重，尤其是国家环保部和省环保厅公布的重点监控企业名录中高危企业数量较多，存在较高的生态风险，同省的绍兴市是整个长江经济带110个城市中高危企业数量最多的城市，受到了政府的重点监控。资源型城市攀枝花的排名2019年下降了15名，从具体的生态环境指标上来看，其与马鞍山是整个长江经济带中单位GDP耗电量最多的两个城市，并且攀枝花的单位工业产值污水排放量也处于110个城市中较高的水平，急需改变当前以环境污染为代价的经济发展模式。这些排名的下降也为这些城市在生态保护协同发展方面敲响了警钟。

表3-5 长江经济带城市生态协同发展能力前十名和后十名排行榜（2019年）

\multicolumn{5}{c	}{前十名}	\multicolumn{5}{c}{后十名}
排名	城市	指数	位次变化	所在省市	排名	城市	指数	位次变化	所在省市
1	黄山	100.00	+2	安徽	101	荆州	32.99	+3	湖北
2	抚州	99.17	0	江西	102	荆门	32.78	-8	湖北
3	宣城	92.61	-2	安徽	103	宜昌	29.95	0	湖北
4	丽江	86.69	0	云南	104	嘉兴	29.47	-15	浙江
5	巴中	81.65	+1	四川	105	绍兴	27.54	-4	浙江
6	镇江	79.96	-1	江苏	106	宜宾	26.67	-19	四川
7	张家界	78.83	+24	湖南	107	马鞍山	24.15	+1	安徽
8	南昌	76.64	+12	江西	108	攀枝花	22.62	-15	四川
9	舟山	76.19	-1	浙江	109	衢州	19.71	-2	浙江
10	遂宁	75.92	+6	四川	110	乐山	1.00	-12	四川

（五）长江经济带城市不同领域协同能力的相关关系

通过使用统计分析方法对长江经济带各城市在经济发展、科技创新、交流服务与生态保护四个领域的数据进行处理分析，验证了各城市在这四个方面协同发展的显著的相关关系。从图3-2中可以看出，这四个领域中，经济发展能力与交流服务能力两者之间的关系呈现的相关性最强，两者的相关系数达到了0.923，换句话就是说经济发展协同能力强的城市往往也具有很强的交通交流服务能力。同时科技创新与经济发展、科技创新与交流服务之间的相关性也很强，分别是 0.875 和 0.910，这说明科技创新与经济发展和交流服务之间是相辅相成的，科技创新协同发展能力较强的城市其经济发展协同发展能力和交流服务协同发展能力都表现出较高的水平。而在生态保护方面，其与经济发展、科技创新、交流服务之间表现出了弱的负相关性，其相关系数分别是 -0.222、-0.126、-0.152，从目前的发展阶段来看，生态保护能力的提高并不能带来经济发展、科技创新与交流服务协同发展能力的提高，同时经济发展与科技创新能力的提高并没有在生态环境领域得到更多有效的投入与转化应用，因此政府部门想要转变长江经济带的发展现状，

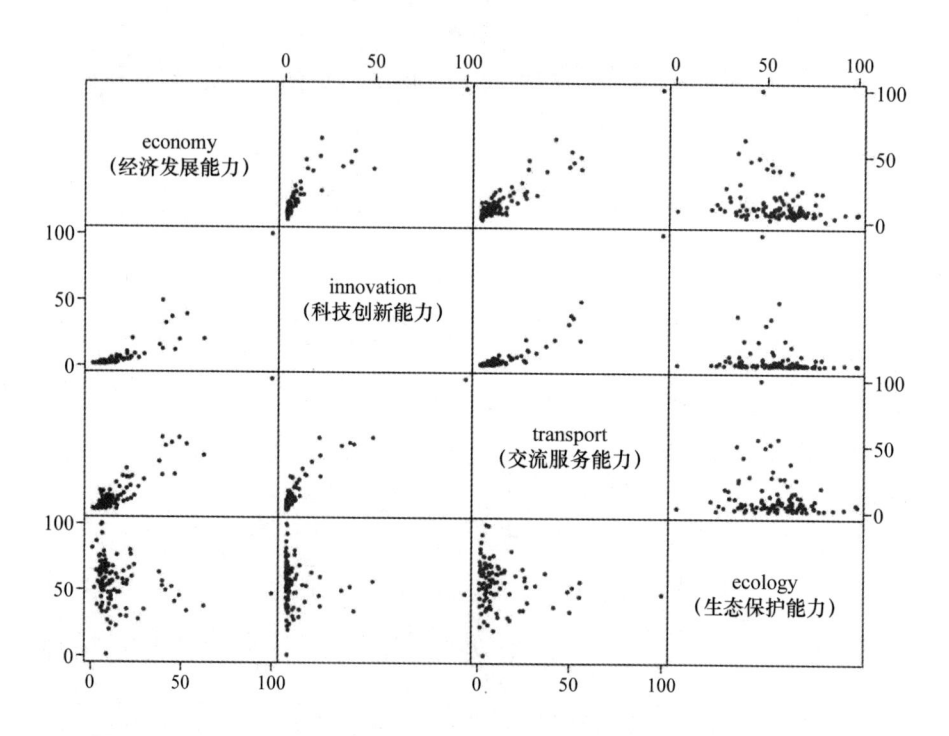

图 3-2　长江经济带城市协同发展能力四个专题领域相关关系（2019 年）

需要制定更加有效的协同发展举措,在经济发展的同时向生态保护领域进行更多的倾斜,同时强化由科技创新成果向生态保护领域的转化。

三 城市协同发展能力的空间关系分析

本节对长江经济带城市协同发展能力的空间关系进行分析,包括对长江经济带城市协同发展能力的空间集聚效应分析、空间异质性分析,以及对长江经济带城市子群进行空间划分。

(一) 长江经济带城市协同发展能力空间集聚效应分析

在本部分,应用空间计量的方法对长江经济带110个地级及以上城市协同发展能力的空间相关性进行分析。首先根据2019年长江经济带各地级及以上城市的协同发展能力指数计算出Moran指数,其中,空间权重矩阵根据各城市距离平方的倒数计算得到。Moran指数可看作各地区城市协同发展能力的乘积和,取值范围介于-1至1之间:若其数值大于0,则说明城市协同发展能力存在空间正自相关,即相邻区域之间城市协同发展能力具有相似属性,城市协同发展能力高的城市集聚在一起,发展水平低的城市集聚在一起,数值越大说明空间分布的正自相关性越强，集聚的强度也越强；若其数值小于0，则说明城市协同发展能力存在空间负自相关，城市协同发展能力高的城市和城市协同发展能力低的城市集聚在一起，数值越小则说明各空间单元的离散性越大；若其数值为0，则说明城市协同发展能力服从随机分布，地区间不存在相关关系。

表3-6给出了城市协同发展能力和经济协同发展能力、科创协同发展能力、交流服务能力以及生态保护协同能力的Moran检验结果。从中可以看出，长江经济带城市协同发展能力以及经济协同发展能力、交流服务协同能力、生态保护协同能力都有显著的正向空间相关性。换言之，长江经济带110个地级以上城市的协同发展能力以及经济协同发展能力、生态保护协同能力在空间分布上并非处于完全随机的状况，而是某些地级市的相似值之间在空间上趋于集聚，显示长江经济带协同发展能力以及经济协同发展能力、生态保护协同能力存在空间上、区域上集聚的现象，长江经济带一体化现象明显。而另外两个领域科创协同发展能力和交流服务协同能力虽然有正向的空间相关性，但却不够显著。说明长江经济带各城市在科创协同发展水平和交流服务协同发展水平的空间集聚现象不显著。长江经济带一体化的发展在科创协同发展能

力和交流服务协同能力上仍有待进一步提高。

表3-6　长江经济带城市协同发展能力 Moran 指数（2019年）

	Moran's I	P值
城市协同发展能力	0.098	0.005
经济协同发展能力	0.202	0.000
科创协同发展能力	0.047	0.068
交流服务协同能力	0.062	0.051
生态保护协同能力	0.124	0.002

注：使用的空间权重矩阵为各城市距离平方的倒数。

（二）长江经济带城市协同发展能力空间异质性分析

值得注意的是，全域 Moran 指数可以描绘经济变量整体的空间自相关性，但不能反映具体地区的空间依赖性，而局域 Moran 分析则可以提供各地区与相邻地区间的空间关系。在局域 Moran 分析中，一般是通过图形来展示不同地区的空间关系模式。具体而言，通过在二维平面上绘制局域 Moran 指数散点图，将各区域互联网金融发展指数分为4个象限的集群模式，用以清晰识别一个区域与邻近区域的空间关系。具体而言，第1象限为高—高组合，表示城市协同发展能力高的地区被同是高能力的地区包围；第2象限为低—高组合，表示城市协同发展能力低的地区被高能力地区包围；第3象限为低—低组合，表示城市协同发展能力低的地区被同是低能力的地区包围；第 4 象限为高—低组合，表示城市协同发展能力高的地区被低能力的地区包围。

为进一步分析长江经济带城市协同发展能力的空间集聚特征，本部分绘制出了长江经济带城市协同发展能力的局域 Moran 指数散点图（图 3-3）。Moran 指数散点图是根据某地区城市协同发展能力所属局部空间的集聚类型，将其划分为四个象限，分别对应于地区城市协同发展能力与邻近地区之间的四种类型的局部空间联系形式。

从长江经济带城市协同发展能力的局域 Moran 指数散点图（图 3-3）可以看出，在城市协同发展能力上，4 种组合的城市集聚类别同时存在。落在第 1 象限的大部分都是东部沿海城市，如上海、南京、杭州、苏州、无锡、宁波等，属于"高—高"组合，这些城市本身协同发展能力高，周边城市协同发展能力也高，在城市协同发展能力排行榜中排名靠前，属于城市分类中的龙头城市、高级区域中心城市和一般区域中心城市；落在第 3 象限的城市则恰恰相反，基本位于中西部地区，如普洱、昭通、乐山、雅安、保山、娄底、临沧等，属于"低—低"组合，这些城市本身协同发展能力低，周边城市协同发展能力也低，在城市协同发展能力排行榜中排名靠后，属于城市分类中的地方一般城市。第 4 象限城市多为中西部地区的区域中心城市,如武汉、长沙、成都、重庆、合肥、昆明、徐州等,属于"高—低"组合,这些城市本身协同发展能力高,但周边城市协同发展能力一般,在城市协同发展能力排行榜中排名靠前,属于城市分类中的高级区域中心城市和一般区域中心城市;而第 2 象限又与此相反,多位于区域中心城市和区域重要城市的周边,如嘉兴、湘潭、舟山、湖州、马鞍山等,属于"低—高"组合,这些城市周边的高级区域中心城市和一般区域中心城市的协同发展能力高,但这些城市的协同发展能力却一般,在城市经济发展能力排行榜中排名

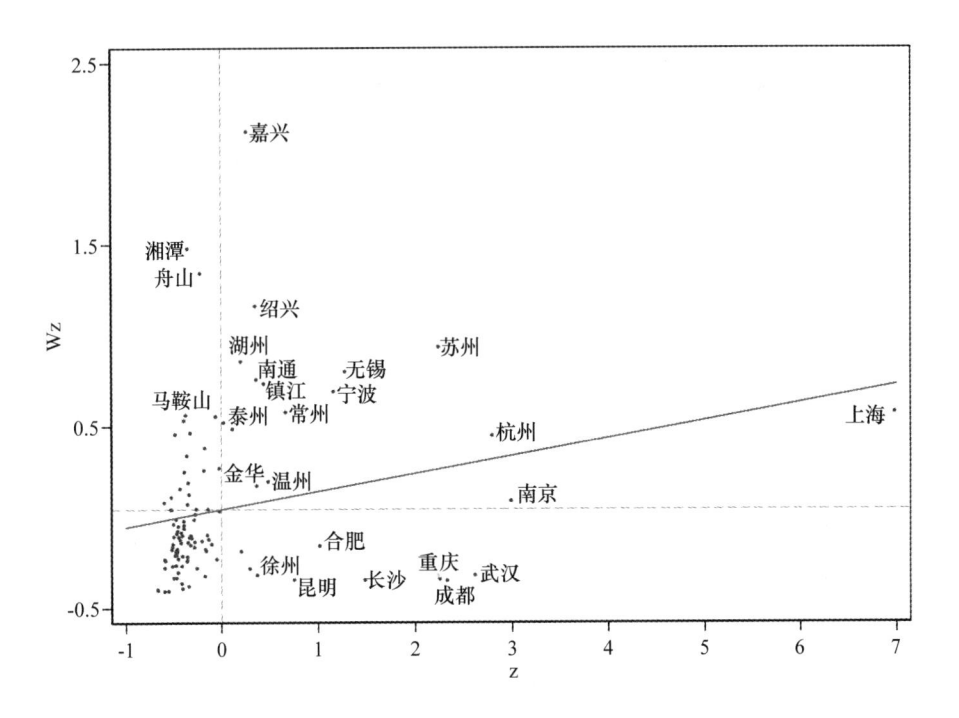

图 3-3 长江经济带协同发展能力指数局部 Moran's I 散点图（2019 年）

居中，属于城市分类中的区域重要城市和地方重要城市。这也说明长江经济带城市协同发展能力在表现出一定的空间集聚特征之外，也有一定的空间异质性，空间集聚并不是绝对的、完全的。

（三）长江经济带城市子群的空间划分

2016年9月发布的《长江经济带发展规划纲要》将长江经济带划分为长三角城市群、长江中游城市群和成渝城市群三个一级城市群。根据2016年5月国务院发文批复的《长江三角洲城市群发展规划》、2015年4月国务院批复的《长江中游城市群发展规划》、2016年3月国务院常务会议通过的《成渝城市群发展规划》的城市群划分办法，并结合城市流、城市相互联系的强弱，本报告将长江经济带三个一级城市群进一步划分为十个二级城市子群进行分析（图3－4）。十个二级城市子群为：南京子群、杭州子群、合肥子群、苏锡常子群、宁波子群、武汉子群、环长株潭子群、环鄱阳湖子群、成都子群、重庆子群。

长三角城市群的五个二级子群，即南京城市子群、杭州城市子群、合肥城市子群、苏锡常城市子群、宁波城市子群五个二级城市子群的协同发展水平较高，各城市子群之间的关联较强（表3－7）。其中，苏锡常子群的协同发展能力平均指数为27.73，在十个二级

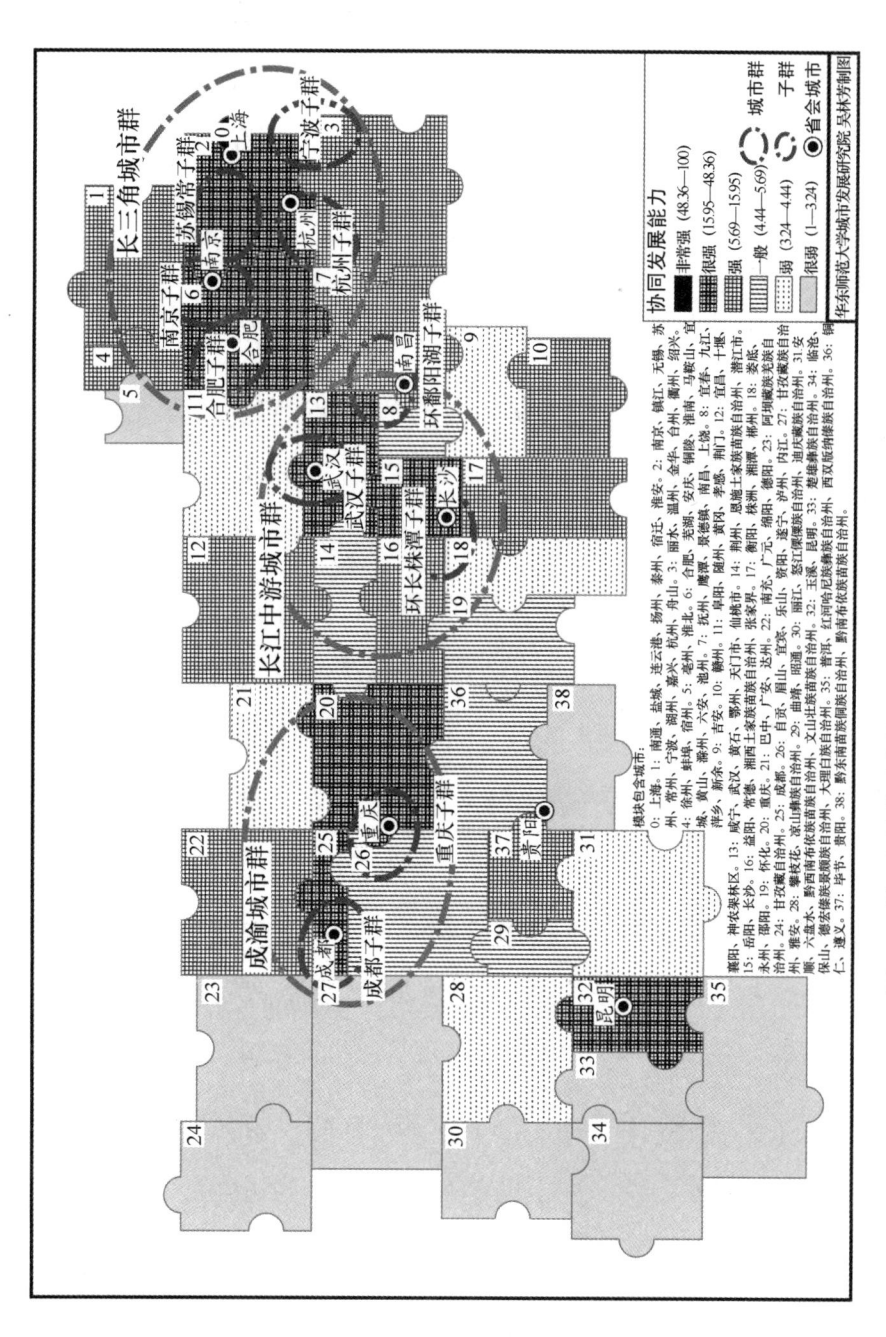

图3—4 长江经济带城市协同发展能力城市组团分布（2019年）

城市子群中位列第2，仅次于重庆城市子群。其余四个二级城市子群的协同发展能力平均指数分别位列第3—6位，总体水平较高。此外，苏锡常子群在经济发展领域、科技创新领域、交流服务领域的协同发展能力均位居第2，但在生态保护领域的协同发展能力上却居第9位。南京子群的科技创新协同发展能力平均指数位居10个二级城市子群榜首。杭州子群、宁波子群、合肥子群在协同发展水平、经济发展领域、科技创新领域、交流服务领域的表现不俗，名列前茅。在生态保护领域的协同发展能力上，南京子群和宁波子群表现较好，分别位居10个二级城市子群的第2、3位，而杭州子群和苏锡常子群却排行第10、9位，合肥子群排行第6位。也就是说，长三角城市群虽然在总体协同水平表现不俗，在经济发展领域、科技创新领域和交流服务领域均名列前茅，然后在生态保护领域的协同发展水平上却处于垫底的位置，未来长三角城市群在高质量协同发展方面需要进一步加大生态环境保护的力度。

长江中游城市群的三个二级子群，即环长株潭子群、武汉子群、环鄱阳湖子群三个二级城市子群的协同发展水平次高，各城市子群之间的关联一般。在总体协同发展水平上，三个二级子群的平均指数均不高，在十个二级城市子群中分别位居第7、8、10位。在经济发展领域、科技创新领域、交流服务领域均处于较为落后的水平，但在生态保护领域，其协同发展指数则相对较好，其中环鄱阳湖子群的生态保护协同发展能力指数位居十个二级城市子群榜首，指数均值高达 68.65。

在武汉子群中，子群内的区域发展差异很大，除武汉一枝独秀外，其他城市的协同发展水平较为接近，且与武汉的差距较大，说明中心城市独大的区域其协同发展能力有限。从各细分领域来看，武汉子群在科技创新和交流服务领域的协同发展水平突出，呈现单中心、专业化发展的发展格局。

表3-7 长江经济带十个城市子群协同发展能力指数（2019年）

城市子群	城市协同发展能力	经济协同发展能力	科创协同发展能力	交流服务协同能力	生态保护协同能力
南京子群	24.56	27.14	19.92	27.44	64.38
杭州子群	21.36	28.74	14.81	25.68	34.68
合肥子群	12.37	16.23	9.72	14.03	43.93
苏锡常子群	27.73	46.16	13.44	30.92	37.82
宁波子群	14.24	24.01	6.34	14.52	64.33
武汉子群	8.80	12.78	6.20	10.78	40.28
环长株潭子群	8.95	13.75	3.84	11.58	55.76
环鄱阳湖子群	6.18	9.62	2.35	6.92	68.65
成都子群	6.33	10.08	3.79	7.34	49.78
重庆子群	38.82	49.04	19.65	55.50	45.46

在环鄱阳湖子群中，南昌、九江、宜春等城市的协同发展水平在子群内排名较高，但是突出的领域各有千秋，呈现多中心错位发展的格局。具体而言，宜春、吉安、鹰潭和抚州虽然在经济和创新等领域的对外协同能力不具优势，但是在生态领域的协同能力表现突出；九江各个领域发展较为均衡，缺乏特长，但是也没有明显的短板。

在环长株潭子群中，长沙子群内部各城市间呈现错位发展的格局。从细分领域看，长沙在经济发展和科技创新领域的协同水平较高，常德、益阳在生态领域的协同水平较高，衡阳、岳阳和株洲则在交通领域的协同水平相对较为突出。

上述分析表明，长江中游城市群各子群之间的差异具有多中心特征，城市子群之间的差异主要源自高水平协同发展中的分工互补，而非整体水平的绝对差异。长江中游城市群在总体协同水平表现一般，在经济发展领域、科技创新领域和交流服务领域均位居中下游，而在生态保护领域的协同发展水平上却位居前茅，未来长江中游城市群在高质量协同发展方面需要进一步发挥生态环保的优势，带动长江经济带城市打好绿色本底。

成渝城市群包括成都子群和重庆子群两个二级城市子群，各城市子群之间的关联较弱。其中，重庆子群由于仅包括重庆一市，总体协同发展水平良好。具体来说，重庆子群在总体协同发展水平上位居榜首，在经济发展领域、交流服务领域均位居榜首，在科技创新领域居第2位，仅次于南京城市子群，然而在生态保护领域却位居第6位。在成都子群中，总体协同发展水平较低，位居第9位。成都子群在经济发展领域、科技创新领域、交流服务领域、生态保护领域均表现一般。成渝城市群内的空间差异较大，成都、重庆两大城市构成双核，但其他城市与这两座城市的差距很大。从细分领域来看，不同城市呈现错位发展态势，成都、重庆在经济、创新和交通领域都具有很高的综合实力，而绵阳、雅安的科技创新相对突出，资阳和南充的生态协同水平更为突出。未来成渝城市群需进一步加强各城市子群之间的协同发展，不论是在经济发展领域和科技创新领域，还是在交流服务领域和生态保护领域上。

第四章 促进长江经济带城市协同发展的政策建议

习近平总书记在《深入推动长江经济带发展座谈会上的讲话》中强调实施长江经济带发展战略要加大力度，正确把握"五大关系"。长江经济带城市协同发展能力指数（2019）表明，长江经济带城市协同发展能力是由经济协同发展、科技协同创新、互动交流服务、生态环境协同保护四个方面综合决定的。各个城市在这四个领域的具体表现及优势各不相同，各扬所长、共享发展无疑是提升长江经济带城市协同发展能力的基本途径，为此需要从长江经济带作为一个整体的流域经济体战略高度入手，坚持问题导向，重在落实，重在成效，以现代化治理、精准治理破除制约协同发展的体制与突出问题，培育促进流域协同发展的新动能。促进长江经济带城市协同发展，重点之一在于"打造四个网络"：一是以重点污染企业管控为抓手打造生态大保护协同网络；二是以重大科学设施、人才、技术、信息等资源共享为抓手打造长江经济带协同创新网络；三是以自主可控国内价值链培育为抓手打造长江经济带现代化产业集群协同网络；四是以全方位联动开放为抓手打造长江经济带自贸区协同网络。重点之二在于"突破一个锁定"，即特别聚焦于连片布局的广大后发城市，助推其着力突破低端空间锁定陷阱。

一 以重点污染企业管控为抓手，打造生态大保护协同网络

水环境、水生态是促进长江经济带城市生态高度协同发展的关键，生态环境部和各级环保部门实施的重点污染企业监控实践成效明显，在坚持统一的国控名单制度外，长江经济带上中下游之间宜在省（市）控名单依据标准上进行有效协调对接，以此为抓手，推进生态补偿、生态交易等多元方式并举的生态大保护新格局。

此外长三角生态绿色一体化发展示范区是长三角区域一体化发展国家战略的"样板间"，激发长三角生态绿色一体化发展示范区的典型示范作用，学习、借鉴示范区成功经验和创新举措，并推动其在长江经

济带内复制和推广,是长江经济带协同发展的重要突破口。

二 以重大科学设施、人才、技术、信息等资源共享为抓手,打造协同创新网络

长江经济带各城市在创新资源禀赋、创新能力方面差距巨大,协同创新需求迫切。可行的办法是构建着眼于源头创新的知识协同创新子网络和致力于科技成果应用、扩散、转化的技术协同创新子网络。

一是重点发挥上海张江、合肥这两个综合性国家科学中心在基础研究、重大应用研究领域的科技支撑作用,便利重大科学设施的共建共用共享,辐射带动中游、上游城市群内核心城市的科技创新动能,实现长江经济带内重大科技创新的协同攻关;以长江经济带内的"双一流"高校为核心,促进不同高校之间相关学科的学术交流、科研合作、人才联合培养,建设高校协同发展共同体,打造新时代高校知识合作创新网络。

二是依托国家技术转移东部中心(上海)、国家技术转移中部中心(武汉)的市场和网络优势,鼓励企业、行业协会、国有非营利机构等积极开展科技中介和成果转化活动,建设运转高效的一体化技术交易市

场，促进技术创新成果在经济带内的优化配置和转移转化。

三 以自主可控国内价值链培育为抓手，打造现代化产业集群协同网络

在新的时代背景下，在基础性产业、高技术产业领域建设自主可控的国内完整的产业链、价值链显得日益重要。正确把握自身发展和协同发展的关系、破除旧动能和培育新动能的关系，努力将长江经济带打造成为有机融合的高效经济体，推动长江经济带建设现代化经济体系，需要从诸多方面予以推进，其中，当前迫切的关键点在于以自主可控的国内价值链培育为抓手，着力打造现代化、世界级产业集群网络。

我们建议，以长三角城市群、长江中游城市群、成渝城市群三大城市群内共同的高技术产业、先进制造业为抓手，促进三大城市群之间的产业链功能分工与合作，如上海与成都在生物医药、电子信息等领域的双向联动，上海与重庆在电子信息产业领域的分工合作、转移与承接等，基于各自的比较优势建立长江经济带主导产业生产网络，优化经济带价值链，实现产业协调、利益共享，为建立长江经济带世界级产业集群找到一条新路子。例如，可以把长三角地区医疗

器械注册人制度推广到整个长江经济带；尽快启动统一覆盖的长三角地区药品上市许可持有人制度，在此基础上推广到整个长江经济带。最终实施统一高效的"长江经济带医疗器械注册人制度、药品上市许可持有人制度"，实现监管程序、检查结果、标准手续三统一，形成协同监管，使得产业链上下游可以更好地安排业务所在地，举全经济带之力，协同打造全产业链的生物医药产业集群。

四 以全方位联动开放为抓手，打造自贸区协同网络

建设自由贸易实验区是党中央在新时代推进改革开放的一项战略举措，在中国改革开放进程中具有里程碑意义。从2013年上海自贸区试点开始，到现在已经扩容到18个自贸区，包括几十个片区，实现了中国沿海省份的全覆盖，并向东北、中部、西部及沿边地区有序扩展。习近平总书记早在2014年12月5日主持中共中央政治局第十九次集体学习时即指出，加快实施自贸区战略要加强顶层设计、谋划大棋局。既要谋子更要谋势，逐步构建起立足周边、辐射"一带一路"、面向全球的自由贸易区网络。

长江经济带是中国自贸区的集聚区，充分发挥长

江经济带三大城市群内的八大自贸区功能，促进各自贸区差异化功能的放大与相互耦合效应，打造长江经济带自贸区网络，携手对接"一带一路"倡议，由此促进交互性制度创新、协同化对外开放，开创对内高质量协同发展、对外高水平开放的新格局。

具体而言，我们建议：一是加强长江经济带各自贸区制度创新协同。长江经济带的自贸区试点建设涵盖了第一批、第三批、第五批三个批次，作为开路先锋的上海自贸区已满六周岁，浙江自贸区试点也已进入第三个年头，打造自贸区网络，需要加强新旧自贸区之间的制度创新协同，提高制度创新的效率与效应。二是促进长三角各自贸区功能耦合集成。例如，上海临港新片区和江苏自贸区苏州片区两者在生物医药、人工智能、高端装备制造等产业功能定位上存在着高度一致性，通过各片区之间在各扬优势、共享优势的基础上实现功能协同，以自贸区联动促进市场主体之间的互动合作，共同建设区域一体化发展的现代产业体系。例如，长三角各自贸区在引领辐射长江经济带发展尤其是服务"一带一路"倡议深入实施领域具有巨大的功能耦合空间。上海肩负着中央所赋予"一带一路"桥头堡的战略使命，上海自贸区在服务中国企业"走出去"方面已经开创了诸多成功经验；浙江自贸区全年对接"一带一路"建设，致力于建设成为

"一带一路"大宗商品交易中心、"一带一路"海陆交通枢纽中心、"一带一路"国际港口货运中心；江苏自贸区连云港片区定位于亚欧重要国际交通枢纽、集聚优质要素的开放门户、"一带一路"沿线国家（地区）交流合作平台。可见，沪苏浙三地自贸区完全可以携手并进，对标国际，共同致力于"一带一路"投资与贸易新规则的建立，通过制度创新高效服务于长三角地区的企业、园区参与"一带一路"建设，更好地服务于"一带一路"沿线国家和地区的相关主体"引进来"，将长三角地区打造成为国内首屈一指的"一带一路"沿线国家（地区）交流合作平台、全面参与"一带一路"建设的样板区。

五 以核心发达城市与边缘落后城市互动为抓手，打造各种类型城市共同发展网络

长江经济带跨度大、范围广，无论从经济带全域或是从带内三大城市群来看，都存在很大的发展水平分异，如排位第95—110位的16个地方一般城市，其城市综合协同发展能力指数得分小于3分，这类城市一方面经济基础薄弱，另一方面对外联系强度很低，交流服务能力很弱，形成了双重锁定效应，一是自身内部薄弱的经济基础和较低的对外联系、交流服务能

力之间的双低锁定，二是后发城市的周边也多是同类型城市，导致后发城市"低—低集聚型"空间锁定。因此，应贯彻落实习近平总书记在第二次长江经济带发展座谈会上关于"要强化上中下游互动协作"的指示精神，推动下游地区、核心发达城市对上游地区、边缘落后城市人才、资金、技术的支援，帮助后发城市跳出"空间锁定陷阱"。也就是说，在充分发挥城市群、都市圈、龙头城市、区域中心城市对后发展城市的辐射和带动效应外，还需要创新性地构建后发展城市与各类中心城市的跨界联系通道，推动后发城市跳出"空间锁定陷阱"，从而整体性地提升长江经济带全域范围内的高质量、协同发展水平。

附录 2015年与2019年长江经济带城市协同发展能力指数排名的名次变化分析

区域协同发展是应对现阶段中国区域经济发展所面临的内外环境条件变化，以及国家重大战略实施的新要求而提出的，是新常态下解决区域发展问题的重要途径，也是适应新技术条件下区域经济发展新趋势的必然选择和实现向创新发展转型的内在要求。长江经济带是中国产业集聚、经济发展和城镇化建设的重要区域，横贯中国东中西部，涉及中国11个省（直辖市），集聚的人口和创造的地区生产总值均占全国40%以上，进出口总额约占全国40%，是中国经济中心所在、活力所在，是中国经济最发达的地区之一。推动长江经济带协同发展是党中央作出的重大决策，是关系国家发展全局的重大战略。长江经济带坚持质量第一、效益优先的要求，推动质量变革、效率变革、动力变革，加快建设实体经济、科技创新、现代金融、人力资源协同发展的产业体系，构建市场机制有效、微观主体有活力、宏观调控有度的经济体制。既要紧盯经济发展新阶段、科技发展新前沿，毫不动摇把培育发展新动能作为打造竞争新优势的重要抓手，又要坚定不移把破除旧动能作为增添发展新动能、厚植整体实力的重要内容，积极打造新的经济增长极。着力实施创新驱动发展战略，把长江经济带得天独厚的科研优势、人才优势转化为发展优势。抓好落后产能淘汰关停，采取提高环保标准、加大执法力度等多种手段倒逼产业转型升级和高质量发展。在综合立体交通走廊、新型城镇化、对内对外开放等方面寻找新的突破口，协同增强长江经济带发展动力。

然而在快速发展的同时，长江经济带也面临三个方面的挑战：

一是生态环境方面的挑战。习近平总书记在深入推动长江经济带发展座谈会上指出，长江经济带生态环境形势依然严峻，流域生态功能退化依然严重，长江"双肾"洞庭湖、鄱阳湖频频干旱见底，接近30%的重要湖库仍处于富营养化状态，长江生物完整性指数到了最差的"无鱼"等级。沿江产业发展污染物排放基数大。长江岸线、港口乱占滥用、占而不用、多占少用、粗放利用的问题仍然突出。流域环境风险隐患突出，长江经济带内30%的环境风险企业位于饮用水源地周边5公里范围内。干线港口危险化学品年吞吐量达1.7亿吨，运输量仍以年均近10%的速度增长。固体危废品跨区域违法倾倒呈多发态势，污染产业向中上游转移风险隐患加剧，等等。

二是长江流域发展不平衡的挑战。2018年，上海的人均地区生产总值是贵州的3.27倍，是云南的3.64倍，是四川的2.76倍。2018年，江苏的人均地区生产总值是贵州的2.79倍，是云南的3.10倍，是四川的2.36倍。东部地区比中部地区富有，中部地区比西部地区富有。长江流域经济发展不平衡对长江的生态环境保护也带来更大压力。

三是长江黄金水道航运能力的挑战。长江流域特别是上游地区在经济发展进程中货运量显著增加，而水运是成本最低的运输方式，长江水道依然是长江流域宝贵的运输通道。但由于种种原因，长江的通航能力受到一定的限制，不同等级航道之间的衔接能力也有待提升。需要从根本上解决长江水运的供需矛盾，提升长江水系航道等级，提升三峡过坝通航能力，满足长江流域经济发展需求，同时要保障坝区通航安全，减少航运对长江生态环境的影响。

在应对长江经济带面临挑战的进程中，"协同发展"是长江经济带应对经济、生态、创新、交通方面不同挑战的重要手段,"协同"既是对区域系统中各区域之间关系状态、发展程度的一种描述,也是区域经济发展的阶段性目标,同时又是实现更加包容、更加均衡、更加协调发展的新思路、新路径。与传统区域发展思路相比,它更强调不同地区发展路径的多元化、差异化,不同地区之间的动态平衡及地区之间的深度合作。通过对比2015年和2019年长江经济带城市协同发展能力指数的排名变化,能够有效地揭示近些年长江经济带协同发展的建设进程,以城市为研究主体探讨协同能力变化的特征及原因,进而提出未来长江经济带城市协同发展的趋势及建设重点。

2015年和2019年长江经济带协同发展能力指数排名对比如表A1-1所示。与2015年相比,2019年长江经济带协调发展能力提升最快的前十名城市分别是毕节市、宿州市、内江市、上饶市、抚州市、六安市、遵义市、南充市、宜春市和郴州市,多分布于贵州、安徽、四川和江西四省,且提升位次均超过20名。具体来看,在长江经济带110个地级市中,贵州省毕节市是协调发展能力提升最快的城市,从2015年的第106名上升到了2019年的第36名,同时,宿州市、内江市和上饶市三个城市排名提升均超过40,六个城市排名提升均超过30,进步巨大且趋势可期。整体来看,进步明显的城市多分布在长江经济带中西部区域,且在交通和生态环境领域提升快速。这是由于中西部很多城市虽然经济发展相对落后，但同时也存在较大的后发优势。而与2015年相比，2019年长江经济带内协调发展能力下降最多的前十名城市分别是淮南市、淮北市、攀枝花市、乐山市、黄石市、孝感市、宜宾市、荆门市、景德镇市和雅安市。多分布于安徽、四川和湖北三省，下降名次均超过30名。具体来看，安徽省的淮南市和淮北市是名次下降最多的城市，从2015年的第32名和第36名下降到了2019年的第102名和第101名，同时攀枝花市和乐山市的下降位次超过了40。整体来看，排名后退较明显的城市多分布在长江经济带中西部区域，这些区域经济发展相对落后，有很大的后发优势，但也会在区域协同发展中被边缘化；退步明显的城市中，资源型城市较多，如淮南、淮北、攀枝花，转型发展问题突出，亟待解决；城市退步幅度大的城市原本排名多处在中等水平。在长江经济带110个城市中，这10个城市2015年排名分布在29—78名的区间。这些区域的发展不稳定，很容易被后来发展的城市赶超。

表A1-1　2015年和2019年长江经济带协同发展能力指数排名变化榜

排名	协同发展能力指数排名进步榜			协同发展能力指数排名退步榜		
	城市	实际名次（2015/2019年）	名次差值	城市	实际名次（2015/2019年）	名次差值
1	毕节市	106/36	70	淮南市	32/102	-70

续表

排名	协同发展能力指数排名进步榜			协同发展能力指数排名退步榜		
	城市	实际名次（2015/2019年）	名次差值	城市	实际名次（2015/2019年）	名次差值
2	宿州市	94/42	52	淮北市	36/101	-65
3	内江市	99/54	45	攀枝花市	29/79	-50
4	上饶市	73/32	41	乐山市	60/107	-47
5	抚州市	86/48	38	黄石市	39/78	-39
6	六安市	95/64	31	孝感市	53/91	-38
7	遵义市	80/50	30	宜宾市	56/93	-37
8	南充市	87/61	26	荆门市	65/97	-32
9	宜春市	75/49	26	景德镇市	49/80	-31
10	郴州市	59/35	24	雅安市	78/108	-30

一 长江经济带城市协同发展能力指数排名进步前十分析

毕节市，位于进步排行榜第1名，2019年在长江经济带内排名第36名，相比于2015年上升了70个名次，成为综合排名上升最快的城市。具体来看，2019年毕节市在交通、生态领域优势明显，分别位于单领域指数排名的第23位和第27位，显著高于综合排名。在交通基础设施建设方面，2018年毕节市交通投资再创历史新高，全年交通基础设施建设完成固定资产投资245亿元，超额完成年度投资任务，尤其是高速公路建设取得重大突破，新建成222千米的高速公路，占全省新增高速公路通车里程的36%，全市高速公路通车里程达979公里。在生态环境方面，毕节市按照国家发改委批复的《贵州草海高原喀斯特湖泊生态保护与综合治理规划》，通过治污净湖、造林涵湖、退耕还湖、退城还湖、退村还湖等举措，有效推动了草海生态保护和综合治理。

宿州市，位于进步排行榜第2名，2019年在长江经济带内排名第42名，相比于2015年上升52个名次。具体来看，2019年宿州市在交通领域排名第26名，优势明显。另外，宿州市近年来在经济和环境保护发展方面也取得了较大的进展。在经济发展方面，2019年GDP比2018增长8.5%，全年社会消费品零售总额554.34亿元，比上年增长13.0%，高于安徽省平均水平。同时，在生态环境领域，宿州市委市政府高度重视生态环境保护，2019年加大了对生态保护和环境治理领域的投资，同时创新环境保护制度，催生了落实生态文明建设和环境保护工作"党政同责"制度、主要领导督办工作机制、环境保护问题清单督查整改工作机制、突出环境问题整改分片包保制等一系列环境保护工作长效机制，常态化、长效化机制体制进一步完善。

内江市，位于进步排行榜第3名，2019年在长江经济带内排名第54名，相比于2015年上升45个名次。

具体来看，2019年内江市在交通和生态领域排名分别为第40名、第48名，相对优势较明显。在交通基础设施建设方面，2018年全市加快推进交通基础设施建设，全年完成投资31.2亿元，内江城市过境高速公路、成都至宜宾高速公路、黄荆坝大桥及连接线按计划全力推进，新增入网高速公路里程约200千米，启动了成渝、内宜高速公路内江城区段置换工作。农村公路建设纵深推进，新（改）建农村公路1033千米。在生态环境建设方面，2018年内江市中心城区PM10、PM2.5年平均浓度分别下降16.5%、20.4%，降幅均排全省第2位，空气优良天数率提高6.9个百分点，全年达到297天。城市在用集中式饮用水水源地水质达标率保持100%，水环境质量创近年最好水平。

上饶市，位于进步排行榜第4名，2019年在长江经济带内排名第32名，相比于2015年进步了41个名次。具体来看，2019年上饶市在交通和生态领域排名分别为第24、第30名，交通进步优势明显。上饶市交通基础设施日益完善，高速公路三纵三横，普通国省道连线成网，农村公路进村入户，水运航道通江达海，交通运输事业实现了跨越式发展。"十三五"以来，为呼应"大美上饶""全域旅游"的定位，打造更高层次的"畅安舒美"示范路，上饶市相继建成G237、G351、G353、S201、S202、S302、S303七条360余千米的"畅安舒美"示范路，形成了更加快速、畅通、高效的国省道路网。

抚州市，位于进步排行榜第5名，2019年在长江经济带内排第48名，相比于2015年进步了38个名次。具体来看，2019年抚州市在交通和生态领域排名分别为第24位、第30位，相对优势较明显。在交通基础设施建设方面，抚州市着力推进"三个一体化"，即区域交通一体化、市域交通一体化和城乡交通一体化；在生态环境方面，抚州市把抚河流域生态保护与综合治理作为全市生态文明绿色发展的龙头，从山林、田地到江河、农庄，进行全流域的保护和修复。率先整合水利、环保等23个部门的生态资源数据，在江西率先上线运行的"生态云"平台，具有生态环境实时数据动态监测预警、生态环保执法在线联动处理、绿色发展考核评价等多项功能。目前，抚州依托"生态云"启动智慧抚河项目建设，对抚河生态情况进行全过程监控和分析。

六安市，位于进步排行榜第6名，2019年在长江经济带内排名第64位，相比于2015年进步了31个名次。具体来看，2019年六安市在科技创新和生态领域排名分别为第38位、第30位，生态优势明显。生态治理方面，六安市持续加大生态环境保护与治理力度，2017年以来围绕全面推行河长制取得了积极的成效，实现全市 12 个地表考核监测断面达标率 100%，城市集中式饮用水源地水质达标率 100%。同时，六安市正在狠抓科技运用，着力加快智慧交通建设，构建交通科技支撑体系。

遵义市，位于进步排行榜第 7 名，2019 在长江经济带内排名第 50 位，相比于 2015 年上升 30 个名次。具体来看，2019 年遵义市在生态（32）、创新领域（48）的实力有一定的提升。另外，在经济发展方面，2019 年遵义市地区生产总值为 3000.23 亿元，比上年增长 10.4%，全年社会消费品零售总额比上年增长 8.7%，增长速度超过贵州省平均水平（分别是 9.1%、8.2%）。在环境保护方面，2019 年遵义市中心城区环境空气质量共监测 365 天，优良天数为 358 天，比上年增加 14 天。优良率为 98.1%，比上年上升 3.9 个百分点。空气质量综合指数为 3.37，比上年下降 0.28，空气质量好于上年。

南充市，位于进步排行榜第 8 名，2019 年在长江经济带排名第 61 名，相比于 2015 年进步了 26 个名次。具体来看，2019 年南充市在交通和生态领域排名分别为第 52 名、第 16 名，其中生态优势尤为明显。南充市坚定不移走生态优先、绿色发展之路，生态环境质量持续改善。例如，截至 2018 年年底，南充市主城区优良天数比例为 80.4%，同比提高 0.3 个百分点，

PM2.5 与 PM10 的年均浓度、二氧化硫、一氧化碳均较基准年（2015年）下降了较大的幅度，六县（市）城区大气环境质量不断改善。

宜春市，位于进步排行榜第 9 名，2019 年在长江经济带内排名第 49 位，相比于 2015 年进步了 26 个名次。具体来看，2019 年宜春市在交通和生态领域排名分别为第 45 位、第 21 位，其中生态优势尤为明显。宜春市委市政府高度重视生态环境的改善与保护，2018 年，宜春全市全年未发生环境污染事件，水源水质达标率 100%，PM2.5 浓度均值为 40 微克/立方米，同比下降 21.6%，降幅居全省前列。2019 年 2 月 25 日，市委书记、市生态环境保护委员会主任颜赣辉主持召开市生态环境保护委员会第一次会议审议通过了《宜春市生态环境保护委员会工作规则》《宜春市生态环境突出问题领导包案制度》《宜春市污染防治攻坚战八大标志性战役总体工作方案》等多项政策措施。

郴州市，位于进步排行榜第 10 名，2019 年在长江经济带内排名第 35 位，相比于 2015 年进步了 24 个名次。具体来看，2019 年郴州市在交通和生态领域排名分别为第 27 位、第 23 位，均高于综合排名。近年来，郴州市委市政府通过补齐交通基础设施短板，加快建设现代化立体化综合交通枢纽城市，目前已形成"五纵""三横"，对外大通道网络，"大十字架"城镇群区域、半小时交通经济圈、市域内一小时交通经济圈基本建成。在生态环境保护方面，郴州市环境空气质量持续改善，蓝天保卫战取得阶段性胜利，成功创建了湖南省首批空气质量达标示范城市，市城区环境空气质量优良率为89.9%，较2017年提升0.1%。另外，2018年郴州市水环境质量总体为优，38个考核评价断面达标率为97.4%。

二 长江经济带城市协同发展能力指数排名退步前十分析

淮南市，位于退步排行榜第1名，区域协同能力排名是长江经济带所有城市中变化最大的城市。从综合排名来看，淮南市2015年排名第32位，到2019年排名仅为102位，其位次后退了70位，排在倒数第8位。煤炭产业的发展使淮南成为一座重工业城市，淮南因煤炭而兴，也因煤炭而衰。其一，转型困难，经济疲乏。近几年经济增速省内倒数，不仅无法企及芜湖、马鞍山这些沿江城市，比周边蚌埠、阜阳也差了不少，2018年淮南市GDP为1130亿元，名义增速4%，GDP排名全省倒数第4位。其二，生态破坏，工业发展方向不明确。大规模的开发煤炭，给淮南的生态也带来了很大的破坏。很多农耕地因采煤塌陷，不能耕种，许多淮南农村的房子因为地基塌陷而开裂。作为重工业城市，淮南的污染也很严重，雾霾困城，2018年空气质量综合指数5.14，环境空气质量优良天数比例仅为65.5%。

淮北市，位于退步排行榜第2名，区域协同能力排名的变动幅度仅次于淮南市，综合排名从2015年的第36名变为2019年的第101名，名次下降了65位。淮北和淮南这两座城市地理上邻近，发展路径也较为相似，现今成了难兄难弟。淮北的发展也是依靠工业，其中，煤矿、水泥等高污染的产业，是淮北如今主要依靠的产业。2018年淮北市GDP为970亿元，名义增速4%，GDP排名全省倒数第3位。淮北这座城市在安徽省内不仅经济发展慢，环境质量也很差，安徽省生态环境厅公布2019年1—10月全省16个地级市地表水质量排名，黄山地表水质最好，淮北水质最差。另外，淮北创新能力弱。淮北市科技局2018年工作总结指出，创新平台建设取得了一些成效，但是创新平台的功能发挥、辐射带动作用、创新资源的集聚能力还没有很好发挥，特别是县区园区研发支撑力较弱。

攀枝花市，位于退步排行榜第3名，区域协同能力排名下降50位，降幅明显。攀枝花市依托优越的资源基础和特殊的战略定位，长期以来，是四川富裕的城市之一，人均GDP、人均可支配收入甚至长时间超过了成都，直到2018年，人均GDP才被成都超越，排全省第二位。但近些年经济增速滞缓。2018年，攀枝花市实现GDP为1173.52亿元，排全省第15位，增速仅2.56%，增量仅29.27亿元。另外，攀枝花尚无高铁过境，高速公路、铁路到成都分别需7小时、14小时，且经常因地质和气象灾害中断，正在修建的成昆铁路复线设计时速仅为160千米，严重影响了人员、物资的进出和经济社会的发展。攀枝花在区域协同发展中应找准自己的定位，更注重区域南向开放联系。

乐山市，位于退步排行榜第4名，区域协同能力综合排名较2018年下滑47位。乐山是四川省下辖地级市，是成都平原南部中心城市，乐山是国家历史文化名城，更是2008年北京奥运会火炬传递城市之一。近些年，经济发展问题突出。其一，经济总量不大。乐山2018年全年实现地区生产总值（GDP）1615.09亿元，比上年增长8.7%。其中，第一产业增加值165.92亿元，增长3.8%；第二产业增加值721.78亿元，增长8.5%；第三产业增加值727.39亿元，增长10.3%。其二，人口外流严重。2015—2018年，乐山人口逐年减少，户籍人口由2015年的353.80万人减少为2018年的350.68万人，且外流的趋势不断加强。其三，高铁建设落后周边区域。依托旅游带动的城市，高铁对当地的经济发展是至关重要的，应加快配合成贵高铁乐山段辅助设施建设，尽快分享高铁红利。

黄石市，位于退步排行榜第5名，区域协同能力综合排名较2018年下降39位，由2015年的第39位降为2019年的第78位。资源枯竭型城市经济问题突出。湖北黄石作为中国近现代重要的工矿城市之一，随着对资源的不断开采，2009年被列为全国资源枯竭型城市。进入21世纪，中国经济改革越发深入，黄石原有的矿业生产实力开始显现出短板。面对全球能源市场、钢材市场和有色金属市场的低迷，在资源逐渐枯竭的背景下，矿业对经济的拉动效果也在减弱。在湖北省，黄石经济水平很长时间仅次于武汉，但2015—2018年其GDP只能排在全省第9位。武汉都市圈中心城市的发展对黄石市虹吸作用显著，转型发展困难。黄石想要摆脱"矿坑深一层、资源少一点"的低附加值的资源依赖性工业。但是湖北钢铁、机械制造等行业高附加值、高产能企业或设备多布局武汉，留给黄石的，只有原始的开采粗加工或高污染的落后产能，转型困难。

孝感市，位于退步排行榜第6名，由2015年的第53位下降到2019年的第91位，排名下降38位。孝感市临近武汉，其发展条件较为优越，但是产业结构欠优，产业基础薄弱。第一产业占比过高，第三产业占比过低，孝感2018年三次产业结构比例为15.0：

48.4∶36.6。同时，农业大而不强，工业骨干企业不多。全市没有主营业务收入过千亿的产业，现代服务业发展不快，新兴业态发展较弱，这些都暴露了孝感产业结构不优、产业基础不强的不足。再者，经济后发动力不足。根据孝感市2018年政府工作报告总结，孝感传统产业增速放缓，新经济、新产业处于培育期，基础还不牢固；实体经济比较困难，小微企业融资难、结构性用工难问题突出；资金、土地、环境等要素约束趋紧，招商项目落地不快，民生欠账较多，发展改革稳定面临诸多两难抉择。

宜宾市，位于退步排行榜第7名，排名下降37位，由2015年的第56位下降到2019年的第93位。首先，宜宾与周边区域经济发展有差距，并呈不断扩大趋势。经济总量方面，从2016年到2018年，宜宾与德阳的差距分别是99.4亿元、113.4亿元、187.5亿元，与绵阳的差距分别是177.4亿元、187.84亿元、227.6亿元，宜宾与德阳、绵阳的差距越来越大。其次，宜宾内部发展仍然不充分、不平衡，县域经济不大不强，"市强县弱"的局面依然严峻。根据2017年宜宾市统计年鉴数据，宜宾市主城区的GDP为338亿元，而县域表现最好的珙县为148亿元，最差的屏山县为48亿元，差距明显。宜宾作为"万里长江第一城"，更应注重其在经济、交通、生态等方面的协调发展。

荆门市，位于退步排行榜第8名，排名下降32位，由2015年的第65位下降到2019年的第97位。一方面，荆门市中心城区既不临长江，也不靠汉水，位置深处湖北省中部纵深处，交通条件较差。荆门是湖北唯一不通动车的地级市，高铁规划建设进展缓慢，交通基础设施差。另一方面，环境污染问题突出。2017年4月，第一轮中央环保督察向湖北省反馈指出：磷化工无序发展加重长江总磷污染，一些磷化工企业生产废水偷排、超标排放，磷石膏渣场和尾矿库防洪、防渗设施不完善等环境问题十分突出。荆门市位于长江湖北段最大支流汉江沿岸，是湖北省磷化工产业主要聚集地之一。2018年11月11—12日，中央第四生态环境保护督察组对湖北省荆门市开展下沉督察，发现该市磷化工企业环境污染问题依然突出，整改不力。

景德镇市，位于退步排行榜第9名，排名下降31位，区域协同能力下降明显，主要受经济下滑的影响。据中商产业研究院大数据库公布的景德镇市2019年上半年数据显示，景德镇GDP总量仅为400.79亿元，位列江西省各市倒数第二，名义增速－13.11%，位列江西省倒数第一。由此看来，受经济下行制约，景德镇市在长江经济带城市中的协同能力下降明显。再者，景德镇经济总量不大，主导产业不强，转型升级困难。

昔日的瓷器之都，因瓷土资源枯竭，近年来在不断地转型发展，但问题突出。其在转型发展中面临交通区位不佳、创新驱动不足、发展问题突出、瓶颈制约严重等问题，亟须在自身发展和区域协同发展中找到突破口。

雅安市，位于退步排行榜第 10 名，排名下降 30 位，由 2015 年的第 78 位下降到 2019 年的第 108 位。究其原因，第一，雅安经济体量小，发展落后。2018 年，雅安 GDP 为 646.1 亿元，在四川 21 个地级市排名倒数第 4 位，与成都市的 15342.8 亿元相差 23 倍。第二，区位条件差，人口少。雅安位于四川盆地西部边缘，也是盆地内最靠西的城市，雅安城区旁边就是巍峨连绵的大山，发展空间受限。目前，雅安全市管辖两个区，六个县，虽然管辖的县比较多，但是雅安的总人口却很少，只有 154 万。第三，雅安市位于长江经济带的末端，加之自身交通条件差，在区域联系方面处于劣势。雅安市火车班次极少，更没有机场，主要的对外交通是通过川藏、川滇公路。基础条件薄弱，加之地理区位不佳，雅安市发展问题突出，积极响应区域协同或许是这种发展基础薄弱的城市的大好机遇。

参考文献

Bathelt H, Zhao J. Conceptualizing Multiple Clusters in Mega-city Regions: The Case of the Biomedical Industry in Beijing. *Geoforum*, 2016, 75.

Boschma R. Towards an Evolutionary Perspective on Regional Resilience. *Regional Studies*, 2015, 49 (5).

Cheng X, Shao H, Li Y, et al. Urban Land Intensive Use Evaluation Study Based on Nighttime Light: A Case Study of the Yangtze River Economic Belt. *Sustainability*, 2019, 11 (3).

Cooke P. Regional Innovation Systems: General Findings and Some New Evidence from Biotechnology Clusters. *The Journal of Technology Transfer*, 2002, 27 (1).

Davids M, Frenken K. Proximity, Knowledge Base and the Innovation Process: Towards an Integrated Framework. *Regional Studies*, 2018, 52 (1).

Ethier W. J. The New Regionalism. *The Economic Journal*, 1998, 108（449）.

Güney Celbis M., Wong P-H, Guznajeva T. Regional Integration and the Economic Geography of Belarus. *Eurasian Geography and Economics*, 2018, 59（3 - 4）.

Hassink R., Isaksen A., Trippl M. Towards a Comprehensive Understanding of New Regional Industrial Path Development. *Regional Studies*, 2019.

Johnson C. M. Cross-Border Regions and Territorial Restructuring in Central Europe: Room for More Transboundary Space. *European Urban and Regional Studies*, 2009, 16（2）.

Jonas A. E. G., Pincetl S. Rescaling Regions in the State: The New Regionalism in California. *Political Geography*, 2006, 25（5）.

Kemeny T., Storper M. Is Specialization Good for Regional Economic Development?. *Regional Studies*, 2015, 49（6）.

Lin L, Wang F. Geographical Proximity vs Network Tie: Innovation of Equipment Manufacturing Firms in Shanghai, China. *Erdkunde*, 2019, 73（3）.

Luo Q L, Luo Y L, Zhou Q F, et al. Does China's Yangtze River Economic Belt Policy Impact on Local Ecosystem

Services?. *Science of the Total Environment*, 2019, 676.

Luo X, Shen J. The Making of New Regionalism in the Cross-boundary Metropolis of Hong Kong-Shenzhen, China. *Habitat International*, 2012, 36 (1).

Meijers E. Polycentric Urban Regions and the Quest for Synergy: Is a Network of Cities More than the Sum of the Parts?. *Urban Studies*, 2005, 42 (4).

Piazza M., Mazzola E., Abbate L., et al. Network Position and Innovation Capability in the Regional Innovation Network. *European Planning Studies*, 2019, 27 (9).

Segarra-Blasco A., Arauzo-Carod J-M, Teruel M. Innovation and Geographical Spillovers: New Approaches and Empirical Evidence. *Regional Studies*, 2018, 52 (5).

Szakálné Kanó I., Lengyel B., Elekes Z., et al. Agglomeration, Foreign Firms and Firm Exit in Regions Under Transition: the Increasing Importance of Related Variety in Hungary. *European Planning Studies*, 2019.

Vogel R. K., Savitch H. V., Xu J, et al. Governing Global City Regions in China and the West. *Progress in Planning*, 2010, 73 (1).

Yeung H W-c. Regional Development and the Competitive Dynamics of Global Production Networks: An East Asian

Perspective. *Regional Studies*, 2009, 43 (3).

陈诗一、陈登科：《雾霾污染、政府治理与经济高质量发展》，《经济研究》2018 年第 2 期。

段学军、邹辉、陈维肖等：《长江经济带形成演变的地理基础》，《地理科学进展》2019 年第 8 期。

范从来：《探索中国特色社会主义共同富裕道路》，《经济研究》2017 年第 5 期。

刘耀彬、肖小东、邵翠：《长江经济带水土资源约束的动态转换机制及空间异质性分析——基于平滑面板转换模型和趋势面的检验》，《中国人口·资源与环境》2019 年第 3 期。

陆大道：《长江大保护与长江经济带的可持续发展——关于落实习总书记重要指示，实现长江经济带可持续发展的认识与建议》，《地理学报》2018 年第 10 期。

罗来军、文丰安：《长江经济带高质量发展的战略选择》，《改革》2018 年第 6 期。

秦尊文：《推动长江经济带全流域协调发展》，《长江流域资源与环境》2016 年第 3 期。

孙久文、张静：《长江经济带发展的时空演变与发展建议》，《政治经济学评论》2019 年第 1 期。

王丰龙：《何谓经济带？何谓协同？——经济带协同发展的概念与衡量体系构建》，《中国城市研究》2018

年第 10 期。

曾刚、曹贤忠、王丰龙等：《长三角区域一体化发展推进策略研究——基于创新驱动与绿色发展的视角》，《安徽大学学报》（哲学社会科学版）2019 年第 1 期。

曾刚：《长江经济带协同创新研究：创新·合作·空间·治理》，经济科学出版社 2016 年版。

曾刚：《长江经济带协同发展的基础与谋略》，经济科学出版社 2014 年版。

曾刚、王丰龙：《长三角区域城市一体化发展能力评价及其提升策略》，《改革》2018 年第 12 期。

曾刚、王丰龙等：《长江经济带城市协同发展能力指数（2017）研究报告》，中国社会科学出版社 2018 年版。

曾刚、王丰龙、滕堂伟：《促进长江经济带协同发展之策》，《改革内参》2017 年第 14 期。

曾刚、王丰龙、滕堂伟等：《长江经济带城市协同发展能力指数（2016）研究报告》，中国社会科学出版社 2017 年版。

曾刚、王丰龙、滕堂伟等：《长江经济带城市协同发展能力指数（2018）研究报告》，中国社会科学出版社 2019 年版。

曾刚（1961—），男，湖北省武汉市人，1992年7月获德国Justus Liebig-University of Giessen 博士学位，2000—2004年先后担任德国Duisburg-Essen University、Leiniz University of Hannover兼职教授。现为华东师范大学区域经济学终身教授、二级教授、A类特聘教授、博士生导师、城市发展研究院院长、长江流域发展研究院院长、教育部人文社科重点研究基地中国现代城市研究中心主任、上海市高校智库上海城市发展协同创新中心主任、上海市人民政府决策咨询研究基地曾刚工作室/上海市社科创新基地长三角区域一体化研究中心主任，兼任中国区域科学协会副理事长等职务，主持国家社会科学基金重大项目、国家重点研发计划等课题。先后在国外出版著作6部、国内出版著作8部，在中外学术期刊发表论文300余篇，在生态文明、产业集群、区域创新等研究领域取得了系列重要研究成果。

王丰龙（1988—），男，内蒙古赤峰市人，哲学博士，现为华东师范大学城市发展研究院副教授、上海市晨光学者，兼任教育部人文社科重点研究基地中国现代城市研究中心兼职研究员和中国行政区划研究中心兼职研究员、行政区划与空间治理专业委员会秘书长和政治地理与地缘关系专业委员会委员。主要从事长江经济带、政治地理学和幸福感等方向研究。先

后在 *Urban Studies*、*Housing Studies*、*Cities*、*Urban Geography*、*Urban Policy and Research* 等 SSCI 期刊发表论文 10 余篇，在《地理学报》《中国人口科学》等权威和 CSSCI 期刊发表论文 50 余篇，出版专著 4 部，获省部级以上科研奖励 3 项。